優勢為王！

覺察優勢、訂定目標、展開行動……
向成功穩步前進的祕訣傳授

應峰 著

精準發揮你的
核心強項

—— ADVANTAGE IS KING ——

**強化優勢並做到極致，成功不請自來
精準設定目標，一步步邁向巔峰**

將每件小事做到完美，就是成就非凡的起點
每日的精進與堅持，是直達夢想的最佳路徑

目 錄

序：行走的人生

第一章　歷練生命，從抖落心靈的「風雪」開始

- 012　人生充滿了故事和懸念
- 015　磨難是一生受用不盡的財富
- 018　將「困境」當成一種生命的歷練
- 021　努力綻放的「絕妙好辭」
- 024　誠信在人性芬芳中永遠有一席之地
- 027　努力創造萬分之一的可能
- 030　最值得珍視的，是契約般的期許
- 034　每個人的心底都潛伏著朝向未來的聲音
- 037　生命的際遇和香醇都是一種機緣
- 040　歷經沉浮，更顯豁達從容
- 043　疑慮後的釋然如此美麗
- 046　別以小過不為過
- 051　努力營造生命的清明之境
- 054　讓節儉的品德伴隨一生

目錄

058　以流動的色彩詮釋內在的生命熱情
061　從小處著眼,實施人生夢想

第二章　人生進退,最重要的常常是運籌和思量

066　人的一生,最需要珍愛的是智慧
069　不同的心境,演繹不同的人生際遇
072　話不能說得太滿
075　活在今生,原本就是美麗而浪漫的事情
078　想的,說的,做的
081　如果不性感,就要感性
084　閱讀,讓生命延伸有突破的方向
087　背負名望的人,
　　　為人處世更要多運籌、多思量
090　絕妙的口才,讓人生收放自如
093　不是人人都能舉重若輕
096　靈感的獲取途徑因人而異
098　智者的樹蔭
100　強者製造時機
103　常思己過,才會有謙讓體諒之心

第三章　只管前行，不要問明天還剩下多少行程

- 108　不放大自己的痛苦
- 111　拋棄捆綁心靈的觀念
- 113　別讓兼聽動搖你的初心
- 116　不可活在虛幻映像中
- 118　善小而為
- 121　推開內心的圍牆才有良性互動
- 124　我聽見了陽光的聲音
- 127　找準最適合自己的位置
- 129　在心田種上蘭花
- 132　畫幸福的畫家
- 134　將自己置身於陌生境地
- 137　打破常規，步向成功的不二法門
- 140　一個人如果有了水的姿態
- 143　真正的快樂，內在而自在，深刻而持久
- 146　為他人鋪設一個臺階
- 149　有一種傻，叫聰明
- 152　你想起的不是我，是昨天
- 155　痛苦，
　　　不在痛苦本身，而在於對痛苦的態度

目錄

158　只要心中有光亮
161　讓生命在光影間綻放

第四章　積極入世，努力做好自己擅長的事情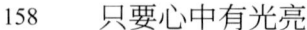

166　忠於自己的內心
170　讓觀念登峰造極
173　存活於紅塵之中的生命意志
176　承受是人生的必修課
178　轉個彎，同樣抵達
180　備受煎熬依然抱有熱情的人
183　世間沒有理所當然
186　每一次徒勞，都是買不來的經歷
189　積極入世，做好擅長的事情
193　讓心靈在日月中延伸
196　人生就是追尋美的過程
201　堅持不懈，終有成果
204　生命的高度，取決於低調彎曲的弧度
208　人生因經歷而圓熟美麗

後記：生命的奔跑

序：行走的人生

　　知足堵塞命運，安逸塵封心靈，沒有危機感的人，永遠看不到動人心魄的風景。

　　人生的意義寓於生命和生活本身，剛者易損，柔者適存。強勢的人未必是強者，譏誚的人未必是智者，強者和智者應該是懂得「委曲求全」的人。切勿任性，任性是事業的天敵，想要成功，就要做好該做的事情，而不是只做喜歡的事情。

　　為人處世，每個人都有自己的獨特性。一個人是否優秀，無須他人來證明。正向的生活，讓心緒淡定，心境輕盈。禪心向美，人生方有遼闊遠景。能事事處處讓別人露出微笑的人，一定是成功在望的人。

　　成功也要看機緣。努力未必有收穫，但不努力一定沒有收穫。與其等別人來愛你，不如自己努力愛自己。

　　一個人喜歡另一個人，並非那個人有多好，而是那個人像鏡子，讓你看到自身缺失，從而有針對性地加以彌補，讓自己變得更加美好。

序：行走的人生

　　讓生命變得美好，是一個修身養性的過程。修養成就氣質，磨難餽贈本領，經歷了酸甜苦辣鹹，生命才擁有無可替代的豐富性。

　　豐富的另一面是簡單，比如愛情，都想「願得一人心，白首不相離」。但時光隧道中，不是所有的相遇都會演繹成傳奇，不是所有的故事都會有完美的結局，或來或去，都是緣分，有時候，剎那便是永恆。

　　以平常心對待生活，生活處處順暢；以平常心看待人生，人生處處安寧。一份淡然的心緒，一種超然的氣魄，足以化解生活中的大不幸。平常心是循道，一如萬物，最美的狀態是活出自己的本真。人生之苦，源於欲望膨脹，源於缺乏平常心。擁有平常心，才會心無執念，不被得失左右，不為進退徬徨；才會過得隨緣、自在、幸福、陶醉。

　　幸福恬淡的生活，不是別人營造的，而是由心而生的。心若亂，則處處亂；心若寬，則處處是坦途。幸福的人生，絕不容負面的情緒瀰漫擴散。

　　幸福源於欣賞之心、理解之情。欣賞才有善待，理解才能相助。每個人都是上天送給這個世界的禮物，當別人看不到你的美好，在盲目的行動中或傷害或放棄你時，你最要緊的，是自己別傷害自己，自己別放棄自己。要相信，不凡

的智慧和堅韌的心志，是經歷諸多逆境磨礪，才能得到的東西。

　　逆境磨礪出智慧。智慧與聰明不同，聰明人知道自己能做什麼，智者明白自己不能做什麼。心簡單，世事就簡單；心複雜，世事就複雜。簡單帶來寧靜，複雜衍生狂躁。轉個念，是希望；回過頭，遠離了絕望。悲喜一念間，或地獄，或天堂。

　　留點空間，才有餘地，把心態歸零，才能把煩擾放空。人生路上，得意多春風，坎坷多不平。重要的是，無論榮辱，無論悲喜，無論苦累，都得一步一步走下去。

　　行走的人生，選擇很重要。選準事業，成就一生；選對愛人，幸福一生；選好朋友，快樂一生。接受現實就是接受機遇，背離現實也就背離了機緣。

　　一個人，得到認可，是難得的機緣。受眾人推舉，常常正是因為你年紀尚輕，有夢想，有鬥志，有空間，有時間，有充足的體力和精力去詮釋和演繹美好豐富的生命。

序：行走的人生

第一章
歷練生命，
從抖落心靈的「風雪」開始

　　很多看起來不可克服的困難，只要有了心理準備，是完全可以戰勝的。所以，面對困境，最佳的選擇是盡心抗爭。

　　一旦走過來了，就會覺得，生命中的許多困境，其實並不如想像的那麼嚴重。

第一章　歷練生命，從抖落心靈的「風雪」開始

人生充滿了故事和懸念

在沿海城市旅遊時，我聽導遊講了這樣一個故事：

在一家海鮮館裡，一群遊客正在用餐。他們一面品嚐菜餚，一面即興談天。魚端上來了，大家七嘴八舌地講起一些關於在魚肚子裡發現珍珠和其他寶物的趣聞軼事。

一位長者一直默默地聽著他們閒聊，終於忍不住開口了：「聽了你們每個人所講的故事，都很精采，現在我也講一個吧。我年輕的時候，受僱於香港一家進出口公司。像所有年輕人一樣，我和一位漂亮的女孩相愛了，很快我們就訂了婚。就在我們要舉行婚禮的前兩個月，我突然被派到義大利經辦一樁非常重要的生意，不得不離開我的心上人。」

老人頓了頓，接著說：「由於出了些麻煩，我在義大利待的時間比預期長了許多。當繁雜的工作終於了結的時候，我便迫不及待地準備返家。啟程之前，我買了一只昂貴的鑽石戒指，作為給未婚妻的結婚贈禮。輪船走得太慢了，我無聊地瀏覽著駕駛員帶上船來的報紙，消磨時光。忽然，我在一份報紙上看到我的未婚妻和另一個男人結婚的啟事。可想而

> 人生充滿了故事和懸念

知當時我受到了怎樣的打擊。我憤怒地將我精心選購的鑽石戒指向大海扔去。」

他沉默了一會，神情落寞地說：「回到香港後，我再也沒有找女朋友，一個人孤單度日，轉眼幾十年過去了。有一天，我來到一家海味館，一個人悶悶不樂地進餐。一盤鹹水魚端上來了，我用筷子胡亂夾了些塞進嘴裡，嚼了幾下，忽然喉嚨被一個硬東西哽住了。先生們，你們可能已經猜出來了，我吃到什麼。」

「當然是鑽戒。」周圍的人肯定地說。「不」，老人淒涼地說，「我確信是一塊魚骨頭……」

在座的人一陣爆笑，剎那間，淚花跳出眼角，迷離了所有自信的眼神。「可是……」老人癟了癟塌陷的嘴唇，有些哽咽：「我開始這麼認為，飯畢才知道，是我一顆早就磨損得差不多、搖搖欲墜的牙齒滑進了喉嚨。」這一次輪到大夥驚疑地張大嘴巴了。

懸念就是這樣，總在開始給人一個明確的思維指向，結局卻轉了一個彎，背離了人們心中的願望或者潛意識中的目標指向。其實，很多意想不到的結局正是生活中極易發生的平常事，而不是想像中的奇蹟。

第一章 歷練生命，從抖落心靈的「風雪」開始

【賞‧品悟】

　　懸念是藉助人們的心理願望實現的，這種心理願望往往是奇蹟和不平常，但當結局抖開在我們面前時，它原本就是生活中極易發生的平常事。

　　一味生活在奇蹟中，難免偏離生活的本真，脫離生活的軌道。

磨難是一生受用不盡的財富

　　童年時，我的家境還不錯，爺爺奶奶和我的父母都很勤勞，加上父親的「外交」能力，經常能攬上一些零活，後來發展到承包一些小工程，但後來因父親判斷錯誤導致生意失敗，因此我們全家陷入了窘迫的生活境地。

　　隨著歲月的流逝，爺爺奶奶喪失了勞動能力，兄弟姐妹的增多使拮据的生活雪上加霜。為了幫父母一把，我們在剛剛懂事的年齡，就學會了為家庭分憂。為了一天能賺上幾塊錢，總是早出晚歸，有時候連飯也顧不上吃。

　　有一次我們搭乘別人的船到水庫對面山上，結果直到天全黑了也沒有船返回，父母非常著急，發動左鄰右舍提著燈滿山遍野呼叫。我們是攀著水庫邊沿被水洗禿的岩壁繞回的，我多次滑落水中，都被兄長和同伴拖住，當時真是險象環生。到家後，父親讓我們倆跪在地上，不准吃飯，不准睡覺，多少人說情，甚至奶奶也跟著下跪，但父親並沒有饒過我們。他憤怒地把我們的書包扔進了火爐，他認為我們應該珍愛的是生命，好好讀書為家爭氣，才是正道，不應該冒風

第一章　歷練生命，從抖落心靈的「風雪」開始

險去賺那幾塊錢，如果沒有這種認知，就再也沒有送我們去讀書的必要了。從此以後，兄長和我就下決心發憤讀書了，父親經常帶著我們挑著蔬菜和穀子到鎮上賣掉，然後讓我們選購自己喜愛的書籍放在籮筐裡挑回家，很多鄉鄰對此無法理解，笑話父親說，只有用籮筐挑穀的，沒有用籮筐挑書的。當時，父親只是笑笑，也許，這正是他的過人之處。

艱辛的勞動之餘，讀書成為我們閒時最大的安慰和享受，兄長和我愛書愛得如痴如醉。那時能找到的書很少，總是找到什麼就讀什麼，有的甚至讀過兩三遍，能找到類似《紅樓夢》這類書來讀，是當時我們最大的心願。那時，我們常常天真地想，要是長大以後能一輩子讀書，讀遍天下所有的書該是多麼幸福的事情啊！

在同學和老師眼裡，我們兄弟倆的成績是非常優秀的。同學用成語詞典的注釋，倒過來考我們，很少能難住我們。後來，兄長以高分考上了高中，翌年我也是如此。但由於家境貧困，父親不得不採用向學校送菜的辦法來解決兄長和我的學費。大學考試時，父親丟下農事陪兄長度過了考試那三天，最終，兄長如願以償考上大學，父親激動得無以言表。翌年，我也輕鬆地考上了大學。

我們的成長，是在磨難中走過來的，這種磨難成了我們

> 磨難是一生受用不盡的財富

一生受用不盡的財富。在人生的旅途中,磨難是警醒和鞭策,又是鼓勵和安慰。雖然我們有過悲傷、有過眼淚,但最終我們得到的是燦爛的生命和明媚的生活。

【賞‧品悟】

　　磨難是人生的一筆財富,沒有經歷過磨難的人生,是有缺憾的人生。在成長年代經歷的磨難,更是彌足珍貴,它可以讓一個人的生命更加豐潤,更有質地,更富色澤。從磨難中走過來的生命,更有機緣體會生活的美好和陽光的明媚。

第一章　歷練生命，從抖落心靈的「風雪」開始

將「困境」當成一種生命的歷練

在英國薩倫港的國家船舶博物館裡，有這麼一艘船，自一八九四年下水起，在大西洋上遭遇冰山一百三十八次，一百一十六次觸礁，十三次起火，兩百零七次被風暴扭斷桅桿，然而它沒有沉沒。

一名律師見到這艘船後，心中一動，有了一個想法：讓他的委託人來參觀這艘船。在這之前，因為他的不成功的辯護，他的一些委託人選擇了自殺，他們的不幸讓他有一種負罪感。他找不到好的辦法來安慰這些生意場上遭受不幸的人，所以，他想在打官司之前告訴他們：航行的船沒有不受傷的，不幸只是一種人生歷練。

還記得二十年前的一天，我在一所高中教書，任班導。那天風雪很大，一大早學生進教室後，直喊冷，根本沒有心思讀書，只聽到一屋子的跺腳聲。我走進教室時，風雪也襲捲而入。按慣例，這樣的風雪天，我會讓學生在教室裡自習。可看到教室的情形，我想磨礪一下他們，便改變了主意，說：「同學們，請到操場上列隊，立正十分鐘。」那天，

將「困境」當成一種生命的歷練

銀裝素裹，一切被雪連成了一個整體。捲地而起的雪粒嗆得人睜不開眼睛，臉上像有無數把刀在刻劃，厚實的衣服冷硬如鐵，一出走廊，腳像是踩在冰水裡。這樣的情形，嚇得學生們待在屋簷下，不肯向操場邁出半步。我沒有說什麼，走向操場，脫下了棉衣、棉褲。雖然冷得嘴唇打顫，但還是字字有力地說：「到操場上列隊！」看著並不結實的我有這樣的表現，大家再也沒有畏縮，依次在操場上排隊，規規矩矩站了十多分鐘。回教室時，有些學生表現得異常興奮，說：「就是再站上二十分鐘，就是只穿一件襯衫，也是頂得住的。」看來，敵不過的，很多時候只是心理上有「風雪」而已。

很多看起來不可克服的困難，只要有了心理準備，是完全可以戰勝的。所以，面對困境，最佳的選擇是盡心抗爭。一旦走過來了，就會覺得，生命中的許多困境，其實並不如想像的那麼嚴重。如果不把它當回事，也就沒有什麼；你覺得不可戰勝，只是因為有一種害怕的心理而已。

生而為人，很多時候會陷入困苦的境地，難免會被各式各樣的「泥沙」傾覆，會被「風雪」嚇倒。想要走過「困境」，就必須扛住心理上的「風雪」，將「泥沙」從身上抖落，將它當成生命中的一種歷練。所以說，做人，最重要的是在陷入困境時，能夠從容面對，坦然挺住。

第一章 歷練生命，從抖落心靈的「風雪」開始

【賞‧品悟】

　　一艘船，經歷了許多磨難，卻沒有沉沒。因為律師的有心安排，讓這條船，為許多不幸的人帶來正能量。他的用意是告訴他們：不幸只是一種人生歷練。

努力綻放的「絕妙好辭」

　　曹操與楊修騎馬路過曹娥碑，見到蔡邕所題「黃絹幼婦，外孫虀臼」八個字，曹操問楊修：「知道它的意思嗎？」楊修這樣回答：「『黃絹幼婦，外孫虀臼』是一種隱語。黃絹為有色之絲，是個『絕』字；幼婦指少女，是一個『妙』字；外孫是女之子，是為『好』字；虀臼是一種搗姜、蒜的器具，而姜、蒜都是辛辣之物，置於虀臼之中，即為『受辛』，『受辛』即是『辤』（辭的異體字）字，合起來便是『絕妙好辭』。表達了蔡邕對曹娥一種充滿情趣的讚美。」

　　從「中關村」闖關出來，她顯得高深莫測，講完這個故事給我聽後，她說：「這個情節你記得嗎？是《三國演義》中的。」痴痴迷迷的情態下，她又說：「在『中關村』摸著石頭過河還真不容易，不過透過電腦遊戲更新這種激勵方式，實實在在可以強迫自己學點東西。」

　　這種「摸著石頭過河」的方式讓她受益匪淺，她藉此闖過了許多知識的河道和支流，天文地理、語言文字、數學史哲、物理化學、音樂電視、電影娛樂、體育武術、遊戲武俠

第一章　歷練生命，從抖落心靈的「風雪」開始

以及電腦、太空船等。看完她無懈可擊的解釋，我笑著說：「你真不簡單，成百科全書了。」她說：「誰讓我是當媽的啊，當媽的就該與時俱進，是百科全書最好，不然怎麼帶好孩子呢？女兒快國中畢業了，很多不知道的東西都來問我，我能說我不知道嗎？要成為百科全書還真不容易呢，光『黃絹幼婦，外孫齏臼』八個字，我就忙了大半天。」

接下來的日子，空閒的時候，只要在通訊軟體上見到她，她都能帶來一些新鮮玩意兒，刺激我的思維，讓我在無形之中增長了不少見識。可想而知，她藉助這種方式，私下灌輸她的女兒多少知識的養料啊！由此看來，她不是在鬆散地吸收知識，而是在知識的寶庫中「淘寶」，進入了一種追逐知識、探索知識的最佳境界。

與其說她在「摸著石頭過河」，倒不如說她在發揮自己的靈性。她的靈性來自不斷的努力中，來自腳踏實地的行為中。她以「摸著石頭過河」的方式，造就自己，也造就別人。在生活的長河裡，在世人的心目中，一個有著旺盛求知欲，既沉著有靈性，又有責任心的女子，不正是塵世之間努力綻放的「絕妙好辭」嘛！

努力綻放的「絕妙好辭」

【賞・品悟】

靈魂是一個杯子。如果你用它來盛天上的淨水，你就是一個聖徒；如果你用它來盛大地的佳釀，你就是一個詩人；如果你兩者都不肯捨棄，一心要用它們在你的杯子裡調製出一種更完美的瓊漿，你就是一個哲學家。

每個人都擁有自己的靈魂之杯，它的容量很可能是確定的。在不同的人之間，容量會有差異，有時差異還非常大。容量極大者必定極為稀少，那便是大聖徒、大詩人、大哲學家，上帝創造他們彷彿是為了展示靈魂的偉大。

不過，我們無須去探究自己靈魂之杯的容量究竟有多大。我們只要付出努力，就能夠得到裝滿杯子的能量。這一生，我們都是自己的「絕妙好辭」。如你，如我，如她。

第一章　歷練生命，從抖落心靈的「風雪」開始

誠信在人性芬芳中永遠有一席之地

　　一個寒冷的冬天，年邁的馬克・吐溫（Mark Twain）獨自在大雪中站了三個小時，結果染上了嚴重的肺炎。他為什麼這樣做？原來，他心中擱置著一件讓他非常痛苦的事情：一天，他夫人臨出門時，再三囑咐他，要把出世不到四個月的嬰兒照顧好。馬克・吐溫連聲答應。他把盛放孩子的搖籃推到走廊裡，為方便照料，自己就近坐在一張搖椅上看書。正值隆冬，室外氣溫低到攝氏零下十九度。由於閱讀入神，馬克・吐溫忘掉了周圍的一切，甚至連孩子的哭聲都沒有聽到。當他放下書時，忽然想起走廊搖籃裡睡著的孩子，才慌忙看過去，發現搖籃中的孩子早將被子踢到一邊，已經被凍得奄奄一息了。當妻子回來後，馬克・吐溫怕妻子責怪、怨恨，不敢說出真相。而他的妻子也只當孩子受了風寒。不久，孩子因此而病死了，夫妻倆悲痛欲絕。馬克・吐溫深感自己沒有盡到做父親的責任，萬分內疚，但他怕妻子受到更大的打擊，一直隱瞞著事實，不敢說出真情。直到妻子去世之後，他才在自傳中陳述了這件使他抱憾終生的往事，而且還在大雪中受凍自虐，以此來懲罰自己。

> 誠信在人性芬芳中永遠有一席之地

在馬克・吐溫的世界裡，誠信是生命中永開不敗的花朵，只有誠信的馨香，才可以實實在在地安撫他無法平靜的內心世界。

被明太祖朱元璋譽為「開國文臣之首」的宋濂，更是以誠信做人立世的。小時候，他家裡很窮，沒錢買書，只好向朋友借，每次借書，他都講好期限，按時還書，從不違約。一次，他借到一本書，讀得愛不釋手，便決定把它抄下來。可是還書的期限快到了。他只好連夜抄書。時值臘月，滴水成冰。他母親說：「孩子，都半夜了，這麼寒冷，天亮再抄吧。人家又不等著這書看。」宋濂說：「不管人家等不等，到期限就要還，這是個信用問題，也是尊重別人的表現。如果說話做事不講信用，失信於人，怎麼可能得到別人的尊重？」第二天，宋濂要去還書，誰知出發時下起了鵝毛大雪。當宋濂挑起行李準備上路時，母親說：「天氣如此惡劣怎能出遠門呢？再說，你這一件舊棉襖，也抵禦不住深山的嚴寒啊！」宋濂說：「娘，今天不出發就延誤了還書的日子，無疑會失約；失約，就是對朋友的不尊重啊！風雪再大，我都得上路。」當宋濂到達友人家裡時，友人感慨萬分，說：「宋濂啊，你這樣守信好學，將來是必有大出息的。」

沐浴在誠信的馨香裡，人生便會處於一種銳意進取的狀態。誠信的馨香，足以化解是非，足以引導人生向成功的目

第一章　歷練生命，從抖落心靈的「風雪」開始

標邁進。清代文學家王永彬在《圍爐夜話》中說得好：「世風之狡詐多端，到底忠厚人顛撲不破；末俗以繁華相尚，始覺冷淡處趣味彌長。」我相信，不管在哪個時期，不管社會上爾虞我詐之風如何盛行，不管社會習俗奢靡浮華到了什麼程度，忠厚誠信在人性芬芳中永遠有一席之地，寧靜淡泊在生活節律中最能突顯生命的真諦。

應該說，古今中外，誠信的馨香，源遠流長。現實生活中，誠信，架構著人與人之間友誼和信任的橋梁，它是開啟心靈之門的金鑰匙。正如法國文學大師羅曼‧羅蘭（Romain Rolland）所說：「真實的東西，才是最美的，它不會使人失望，只會讓人對未來充滿信心。」

【賞‧品悟】

誠信無是非，它是安撫心靈的一劑良藥。誠信，可以在心靈與心靈之間架設一道永遠暢通的橋梁。誠信的人，擁有心靈的安寧、寧靜。誠信的馨香，常常可以化堅冰為活水。誠信，是人性中的至美。

努力創造萬分之一的可能

　　機遇是美麗飄逸的天使，在她倏忽降臨時，對一個毫無準備的人，她會翩然而過，一去不回；對於有充分準備的人，則是另外一種情形了。

　　有個年輕人，在一次意外事故中，全身燒傷面積達百分之六十以上，面目可怖，手腳變成了不可分辨的肉球。面對鏡子中難以辨認的自己，他曾經痛苦過、迷茫過，但他並沒有因此沉淪，而是默默地在心靈深處以先哲的教誨來警醒和鞭策自己：「相信你可以，你就可以！」、「問題不是發生了什麼，而是你如何勇敢地面對！」

　　很快，他從痛苦中走了出來，運用自己的聰明才智，幾經奮鬥，成了百萬富翁。擁有財富後，他並沒有就此滿足，非要用肉球似的雙手去學習駕駛飛機。結果，因飛機突發故障，他從高空摔了下來。當人們找到他時，他的脊椎已經粉碎性骨折，即將面對的是終身癱瘓的現實。家人、朋友極為悲傷。但他卻說：「這是我無法逃避的命運，我必須樂觀面對，勇敢地接受。我的身體雖然不能行動了，但我的大腦依舊是健全的，我還有一張嘴可以幫助別人。」在醫院的病房

第一章 歷練生命，從抖落心靈的「風雪」開始

裡，他用自己的智慧和幽默，去鼓勵病友戰勝疾病。他在哪裡出現，笑聲就在哪裡蕩漾。

一天，一位金髮女郎來照護他。他一眼就斷定她就是他的夢中情人。他將自己的想法告訴了家人和朋友，大家都勸他：「這怎麼可能？這太不可能了！你現在這個樣子，人家會拒絕你的，如果那樣，你多難堪呀！」可他卻說：「不，你們錯了，萬一成功了呢？萬一她答應了呢？」

他決定透過自身的努力，去創造哪怕只有萬分之一的可能。終於有一天，他瞅準機會，勇敢地向那位金髮女郎道出了心中的愛慕之情。金髮女郎聽了他的表白，雖然沒有當即作答，但也沒有斷然拒絕。這以後，他便以各式各樣別出心裁的方式向她示愛，讓她感覺到他對她的愛無處不在。兩年之後，金髮女郎走上了他為她鋪就的紅地毯，完完全全融入了他的生活。他的堅韌不拔和永不放棄，讓他成為美國人心目中真正的英雄。

生而為人，只有具備了正向、樂觀的人生態度，時刻準備著，凡事往好處想，才會視困難為機遇，贏得人生與事業的成功。如果遭遇到一點點困難，就想放棄和退卻，那麼，再好的機遇也會與你擦身而過。

努力創造萬分之一的可能

【賞‧品悟】

　　星星能夠閃耀於夜空,是因為它釋放了自身聚集的能量;花朵能夠綻放,是因為它在地下汲取了一冬的養分;許多名人的成功,都得益於在成功前無數個日日夜夜的準備。相信我,人們缺乏的不是機遇,而是機遇來臨前的準備。

第一章　歷練生命，從抖落心靈的「風雪」開始

最值得珍視的，是契約般的期許

說到「信」，最先想到的還是「書信」，雖然它與我們的生活漸行漸遠，但信箋上承載的親情、友情、愛情卻讓人回味無窮。可以說，在人類交流與溝通的歷史上，書信在人們心中的地位是不可取代的。「信」，有託人所傳之言可信之意。不論是捎口信，還是郵遞書信，都是為了訴說事情原委和表達人的思想感情。親筆信，不僅可以傳達思想感情，還能給受信人「見字如面」的親切感。書信的存在，讓人享有溫馨，擁有懷念。因此，在簡訊、電郵這些簡單快捷的通訊工具遍布全球的今天，依然有一些人情願使用書信互通訊息。

有「信」，就有「信使」。信使作為傳遞書信之人，品行是很重要的，他要讓人有信賴、信任感。這種信賴、信任關係，蘊含著人與人之間契約般的期許，這種期許一旦被打破，就難以彌補，甚至造成難以估量的損失。

在這裡，自然而然就要說到信用或誠信了。所謂信用，就是能夠履行跟人約定的事情而取得的信任。我們的日常生活中，常常出現的信用貸款等，就是建立在一個「信」字基礎上的。言出必行的人，說出的話才有分量；不履行承諾、不

> 最值得珍視的,是契約般的期許

尊重別人的人,遲早會失去他人的信任。

《說文解字》認為「人言為信」。程頤認為:「以實之謂信。」可見,「信」不僅要求人們說話誠實可靠,忌大話、空話、假話,而且要求做事也要誠實可靠。「信」的基本內涵即信守諾言、言行一致、誠實不欺。許慎在《說文解字》云:「誠,信也。」,「信,誠也。」

千百年來,誠信被中華民族視為行為規範和美德修養。關公就是誠信美德的代言人,其守「信」之心,從「土山三約」可窺一二:徐州兵敗,關羽被困土山。曹操派張遼以「三便」勸關羽降曹,一者可保甘、糜二夫人的安全;二者可不背桃園之約;三者可留有用之身。關羽回答:「你有『三便』,我有『三約』:一、今降漢不降曹;二、請給二位嫂子俸祿,單獨居住,不論何人不許入門;三、只要一旦知道皇叔的下落,辭曹歸劉而去。三者缺一不可。」「三約」體現了關公對漢室、對劉皇叔的忠誠,表明了他對兄弟桃園結義承諾的踐約之志。

還有耳熟能詳的〈曾子殺豬〉的故事:一天,曾子的妻子到市場上去,她的兒子要跟著,一邊走,一邊哭。她為了讓兒子不跟著,便說:「你回去,等我回來以後,殺豬給你吃。」妻子從市場回來了,曾子要捉豬來殺,他的妻子攔住他說:「那不過是跟小孩子說著玩的。」曾子說:「絕不可以跟小孩

第一章　歷練生命，從抖落心靈的「風雪」開始

子說著玩。小孩本來不懂事，要照父母的樣子學，聽父母的教導。現在你騙他，就是教孩子騙人。做媽媽的騙孩子，孩子不相信媽媽的話，那是不可能把孩子教好的。」曾子於是把豬殺了。

誠信之人，在古代有，在當代也不鮮見。一天，一位顧客走進一家汽車維修店，自稱是某運輸公司的汽車司機。「在我的帳單上多寫點零件，我回公司報帳後，有你一份好處。」他對店主說。但店主拒絕了這樣的要求。顧客糾纏說：「我的生意不算小，會常來的，你肯定能賺很多錢！」店主告訴他，這事無論如何也不會做。顧客氣急敗壞地嚷道：「任何人都會這麼做的，我看你是太傻了。」店主發火了，他要求那個顧客馬上離開，到別處去談這種生意。這時，顧客露出微笑，滿懷敬佩地握住店主的手：「我就是這家運輸公司的老闆。我一直在尋找一個固定的、信得過的維修店，我今後會常來！」

人無信不立，業無信不興。「人而無信，不知其可也。」我們的先賢孔子對「信」的重視程度由此可見一斑。「信」，說通俗點，就是待人處事真誠、實在、講信譽，言必信、行必果，一言九鼎，一諾千金。「信」，讓人以真誠之心，行信義之事，它可以穩固我們事業的基礎，可以讓我們的世界多幾分美好和安寧。

最值得珍視的,是契約般的期許

【賞‧品悟】

信用也好,信譽也罷,自古至今,能立業、興業、旺業之人沒有不信守的。我們所處的世界,正是因為人們恪守一個「信」字,才會擁有和樂和寧靜,才會一再顯現春天般的生機。

第一章　歷練生命，從抖落心靈的「風雪」開始

每個人的心底都潛伏著朝向未來的聲音

　　每天早上醒來的時候，我聽到的第一個聲音，就是時鐘「滴答滴答」的走動聲。聽到這個聲音，我的第一感覺就是，我又站在生命中一個新的渡口上了。

　　記得席慕蓉寫過這樣一首詩：「讓我與你握別，再輕輕地抽出我的手，知道思念從此生根……渡口旁找不到一朵可以相送的花，就把祝福別在襟上吧，而明日，明日又隔天涯。」席慕蓉寫〈渡口〉這首詩時，正與一個即將遠離的人熱切地愛戀著。而此刻，當我醒來，感覺時間尚在的時候，在我的心中，時間以及生命中的愛侶，都有著同樣的分量。

　　面對時間，我的心是充滿柔情的，當我用心的軟毫去觸摸流瀉在身邊的時間時，就像用有些迷離的目光掠過睡在我身旁的愛侶一樣。如果詩中的你就是時間，那麼我和你每天每時每刻都在握別。時間一去不回，自然是無根可生，無思念可以寄託的了。當時間抽手而去的時候，好在還可以把一份執著珍愛別進今天的分分秒秒裡，生命本身，就這樣成了一程又一程相送的花。

> 每個人的心底都潛伏著朝向未來的聲音

　　時間滴答滴答地走著，一秒一秒，不再倒流。愛情也好，事業也罷，在時間的河道裡，從來沒有迴轉的時候。生命的每一個渡口，永遠沒有停頓，有的是光陰一刻不停地消逝。時間的聲浪就這樣一波接一波，永不停息地揉皺我們的皮膚，漂白我們的黑髮，蒼老我們的聲音，沖淡我們的熱情。在匆匆而去的時間的足音裡，各人有各人的心境。有人會落下悲傷的淚滴，有人會丟擲輕輕的嘆息，有人意氣風發搶在時間前頭，有人在時間的河道裡游得酣暢淋漓。

　　〈赤壁賦〉中，與蘇軾同坐的客人因觸景生情，引發了對短暫一生的思考，發出了「哀吾生之須臾，羨長江之無窮。挾飛仙以遨遊，抱明月而長終。知不可乎驟得，託遺響於悲風」的感慨。蘇軾則借水月以言志，闡述了「蓋將自其變者而觀之，則天地曾不能以一瞬；自其不變者而觀之，則物與我皆無盡也」的思想。由此看來，有窮無窮，短暫永恆，皆因人而異罷了。無論怎樣，我還是時常懷著感恩的心，聆聽時間的走動——這妙不可言的朝向未來的聲音。不管哪個年齡階段的人，只要還有屬於自己的時間，就一定有屬於自己的未來。應該說，在未來的道路上，還有很多值得追尋的人生夢想，會因一個人的執著不懈而融入多姿多彩的生命。其實，每個人的心底，都潛伏著朝向未來的聲音。

第一章　歷練生命，從抖落心靈的「風雪」開始

【賞・品悟】

「時間」永不反覆，永不停留，不偏不倚，不快不慢，對任何人都是一視同仁。人們各自扮演著自己的角色：聰明者善於利用時間，愚蠢者只會等待時間，勝利者想法贏得時間，失敗者往往喪失時間。生命的意義正是在對待時間的立場上體現：珍惜時間者，能以正向的心態走進生活，品味人生，感悟生命的每一個生動的瞬間；浪費光陰者，漠視時間，耗費生命。要讓生命綻放光彩，就要走出虛度光陰的失誤，去真正地珍愛時間，因為時間就是生命。

生命的際遇和香醇都是一種機緣

生命的際遇和香醇都是一種機緣

　　酷暑的一天，妻一進門，就從冰箱裡取出一瓶冰凍礦泉水，順手將它放在茶几上了。過沒多久，她將礦泉水瓶挪開的時候，茶几上出現了同礦泉水瓶瓶底凹紋一樣的圖案——一朵突顯的水漬梅花。那個無色的梅花水印突顯在我視線中的那一刻，我大腦中立刻蹦出美輪美奐的三個字——「水梅花」。

　　在我的記憶中，只有紅梅、白梅、黃梅。所有這些梅花，都是我在寒冬時節親眼看見過的。「水梅花」的概念，完全是在我看見水漬圖案時，一剎那的想像。

　　水——梅——花，多麼溫軟美妙、令人浮想聯翩的字眼。一個水字，讓人想到似水溫柔，如波情態；一個梅字，讓人讀出清香純正，玉潔冰清；花，一種馨香的語言，昭示著生命的美麗、多姿、斑斕、浪漫。水梅花，世間究竟有沒有這樣一種一聽就讓人心動的植物呢？

　　懷著好奇心，藉助網路，我發現，還真的存在叫「水梅花」的植物：一類水梅花屬草本植物，一類水梅花屬木本植物。

037

第一章　歷練生命，從抖落心靈的「風雪」開始

　　草本水梅花在七月開得最盛，莖細而脆，一碰就斷，但很容易成活，只要將很小的花芽掐下來放到水裡，幾天後，花芽就長出白嫩的根，移栽到花盆，時過不久，水梅花就亭亭玉立了。花開時節，粉紅的花朵點綴在綠葉間，煞是好看。

　　木本水梅花屬灌木類，花期也在七月，其主幹柔韌結實，最適宜盆景製作。花開時，細碎的五瓣單層小白花，一朵挨一朵，十分熱鬧。這些清純的小白花，點綴在青枝綠葉間，開出禪意，如白鶴振翅，似梵音纏繞。

　　常見的紅梅、白梅、黃梅，耐得清寒；水梅花則耐得暑熱。對它們來說，清寒和暑熱都是歷練和考驗，正因為如此才成就了它們的香醇。生而為人，總會遭遇許許多多「清寒和暑熱」，「清寒和暑熱」的存在把庸常的人，磨練得更具忍耐力，更有進取心。

　　隨著水分的蒸發，茶几上那朵清純剔透的「水梅花」漸漸消散，只留下一個淡淡的水印，這個水印裏挾著心靈的暗香，深深地嵌入了我的記憶之中。老實說，如果不是茶几上突顯出的那朵水漬梅花圖案，我是無緣知道世間還有水梅花這樣一種植物的。事實上，我們平淡的生活中，無論是人與人之間，還是人與動物或植物之間，該有多少這樣值得回味的偶然啊！

生命的際遇和香醇都是一種機緣

塵世之間,生命的際遇乃至香醇都是一種機緣,這種機緣帶給人的,往往是意想不到的驚喜,甚至是豐厚的回報。一如夏日的那天,因為生活的偶然,我有緣邂逅水梅花,認識水梅花,並深深地感受它的暗香一樣。

【賞‧品悟】

那個夏日的一天,妻將一瓶冰凍礦泉水放在茶几上,瓶底與茶几接觸面形成了一朵水漬梅花圖案,圖案很美,我甚至不忍抹去。那一刻,我的頭腦中蹦出「水梅花」三個字,我不知道有沒有「水梅花」這樣一種植物,便藉助網路搜尋。正是因為這個原因,我認識了草本和木本的「水梅花」,了解了它們的異同和性情。就這樣,我面對那朵「水梅花」圖案沉思片刻後,悟出生命中的偶然與機緣總是無處不在,只要有心,它就會給我們豐厚的回報。

第一章　歷練生命，從抖落心靈的「風雪」開始

歷經沉浮，更顯豁達從容

　　寒氣尚重的初春，遠沒到滿目枯荷的季節，不知怎的，心中總擱著李商隱的那句詩：「留得枯荷聽雨聲。」

　　追根溯源，源於一位叫楓林的筆友，在我去她家串門時，她指著墨跡未乾的紙讓我品那句詩，手指還特地點到了那個「枯」字上。她讓我品，當然是因為這句詩好。而我也知道，她一定是品出了詩作的真味。

　　那一刻，驀地就想起《紅樓夢》中的一個片段。有一日，遊興正濃的寶玉見了一池枯荷，頗為掃興，嚷嚷道：「這些破荷葉可恨，何不叫人拔去。」黛玉聽了，嘟著小嘴回道：「我最不喜歡李義山的詩，只喜他這句『留得枯荷聽雨聲』，偏你又不留著枯荷了。」寶玉聽了，自然沒讓人拔去殘荷，一心留著讓黛玉聽雨。

　　在常人眼裡，新荷鮮活光亮惹人憐愛，而枯荷，是了無生機沒有可取之處的。我不知道，楓林在握筆寫下這行詩的時候，心境是不是如林黛玉一般別緻。我只覺得，兀立在筆墨紙硯之間，即使是在新春，當這行詩在唇齒氤氳不去時，

> 歷經沉浮，更顯豁達從容

那雨打枯荷發出的「嘭嘭」之聲驀地就在耳畔迴響起來了，一屋子美輪美奐的字畫，剎那間，伴隨內心深處「嘭嘭」的雨點，變得模糊、淒清、迷離。

人生在世，富貴和貧窮是個變數，真的無法選擇。但生而為人，卻可以選擇過什麼樣的生活，是高品味還是低品味，是從俗還是從雅，這一點，常常可以由心靈主宰。在俗和雅之間，楓林是選擇了雅的，她的雅，絕不是附庸風雅，更不是故作高雅，她的一手好畫和一筆好字可以為證。或許，她也只是世俗塵埃裡的一位過客，但毋庸置疑，她的生命是有著豐富而實在的內涵的，你嘆服不嘆服，它都是一種深刻的存在。

宣紙上那一行「留得枯荷聽雨聲」的行草，從歲月深處游弋出來，從一種境界抵達另一種境界，從一個靈魂滲透到另一個靈魂，多少年了，依然可以讓人徹悟和感動。我不知道，她的人生有過什麼經歷，她的生命埋藏著一些什麼故事，但我知道，一個人如果能就著「枯荷」聽雨，心境即使有幾分淒清，終究還是可以大徹大悟的。

枯荷，也曾有蓬勃、滿目生機的時候，那是一種鋪張著的壯錦，如人生的一段嘉年華，張揚、美麗、透亮、輝煌。後來，它枯了，樣子變得憔悴，但它始終是潔淨的。當雨點

041

第一章　歷練生命，從抖落心靈的「風雪」開始

打在它身上時，它反而可以發出別樣的脆響，那種聲響，是一種天籟，可以讓一個人在繁華褪盡的蕭瑟裡，滋生出「坦然面對枯榮，靜觀世態沉浮」的豁達心境。

【賞・品悟】

「秋風秋雨愁煞人」說的是人因景的變化而變得格外敏感與脆弱。想世間許多好與不好都是有其緣由的，有人欣賞春池裡碧波萬頃的亭亭荷蓋，也有人欣賞雨打芭蕉時那空洞又意遠的沉重，這些都是由心境的不同而產生的情愫。文章裡的楓林，在淅瀝的小雨中，聽著雨點灑落在枯荷上，發出一陣錯落有致的聲響，發現這蕭瑟的秋雨敲打殘荷的聲韻竟別有一種美的情趣，因景生情。雖不知過往的歲月在她身上留下多少印跡，卻看那字、那畫，確有枯荷秋雨的清韻，讓我也有了一種不期而遇的喜悅。

疑慮後的釋然如此美麗

疑慮後的釋然如此美麗

　　汽車在海拔三千公尺以上的高原上行進。夏季的草原，並非想像中的一望無垠，只是顯得較為開闊而已，青翠碧綠是它的主色調，區域性的平展之外，有著起伏跌宕的美麗。

　　怎麼都想不到的是，行進中的汽車出現故障，拋錨了。司機下車修車，我們一行也離開了車廂。夏季高原的陽光猛烈地、毫無遮攔地瀉下來，熱辣辣地照在每一個人的身上。任何人都知道，強烈的紫外線極易灼傷人的皮膚，於是大家很快搭起了為應急而攜帶的帳篷，鑽了進去。

　　過沒多久，一名少年趕著一群犛牛來到了附近的草場。少年脖子上掛著一個並不精緻的牛角號，手中熟練地舞動著放牧用的鞭子。他安置好他的牛群，來到了我們的帳篷外。他衣衫破敗不堪，顏色黑不溜秋，他的膚色較之衣衫有過之而無不及，黑得發亮，一看就知道是高原陽光照射的結果。細看他的臉，那雙黑白分明的眼睛裡，透露著無法遮掩的少年英俊，卻也刻寫著生活重壓下的滄桑。

　　他好奇地圍著帳篷轉了一圈，然後在帳外定定站下。感覺有人注視他了，就一笑，一排潔白的牙齒閃射出快樂的光

第一章　歷練生命，從抖落心靈的「風雪」開始

芒。有人問他什麼，他很迷惑的樣子，然後搖頭。我知道，這是語言上的障礙。但從他那雙黑亮的眼睛流淌出來的，除了好奇，還有渴望和羨慕。

心細而善良的英姐看著少年，看著他黝黑的臉，看著他那一身穿著，眼睛就有些溼潤了，從口袋裡掏出一張百元鈔票，塞到了少年的手中。那一刻，少年嘴唇動了動，想說點什麼，終於還是沒有說出來。只見他揣著鈔票，轉身飛奔而去。

同行人說話了：「英姐，你的錢這麼一給，恐怕有麻煩了，他的同伴要是都來找我們要錢的話，那可就不好辦了。」聽他這麼一說，英姐不安地看看大家，又看了看遠方，將信將疑。那一刻，我感覺到周圍的空氣突然間就變得有幾分滯澀和凝重。

終於，少年的身影出現了，由遠而近，越來越清晰。看得出，他是抱著什麼飛奔而來的。近了，原來他手中抱著的是一束鮮花，紅白相間的，在陽光照射下，耀眼奪目。看著少年胸前顫動的鮮花，在一陣驚愕和沉默之後，考察團全體人員都會心地笑了。應該說，這種笑，是夾雜著愧疚和感動的。

少年奔跑著，來到帳篷前，來到了英姐跟前，他單膝跪

疑慮後的釋然如此美麗

下,將鮮花高高舉過頭頂,送到了英姐手中。英姐接過鮮花,將少年扶起來,那一刻,我又一次看見少年閃亮地笑了,那是一種來自內心深處的真誠的笑、感激的笑。

汽車開動的時候,少年揮著他的牧鞭,蹦蹦跳跳地離開了。透過車窗,他越來越模糊、越來越小的身影讓我覺得,高原之上,他就像一個純淨的音符,清新透亮;像一朵自在的格桑花,純樸美麗。

【賞‧品悟】

本文敘述了藏族少年用一束鮮花回報英姐資助的故事,透過一個心理互動的場景,展現出人們對少年由疑慮到釋然的人生情態,一不經心,就讓人們由「驚愕」陷入「沉默」。貼切的文字描繪,讓少年的天真、純樸、樂觀躍然紙上,像一朵純樸美麗的格桑花。

第一章　歷練生命，從抖落心靈的「風雪」開始

別以小過不為過

　　南宋羅大經編寫的《鶴林玉露》一書中有個「一錢斬吏」的故事：張乖崖在崇陽當縣令時，一天，他在衙門周圍巡察，見一個小吏從府庫中慌慌張張地走出來。張乖崖叫住小吏，發現他頭巾下藏著一文錢。那個小吏支吾了半天，才承認是從府庫中偷來的。張乖崖把那個小吏帶回大堂，下令拷打。那小吏不服氣：「一文錢算得了什麼！你也只能打我，不能殺我！」張乖崖提筆判道：「一日一錢，千日千錢，繩鋸木斷，水滴石穿。」為懲罰這種行為，他當堂判斬了這個小吏。

　　張乖崖擺出「水滴石穿」的道理殺了小吏，雖然有濫用刑法之嫌。但小吏不以小過為過，招來殺身之禍也是各由自取。小過與大過是相對而言的，《尚書·太甲》曰：「天作孽，猶可恕；自作孽，不可活。」也就是說，天降災禍，尚有逃避的機會，人若是自找災禍，則是無法挽救的。小吏就屬自招災禍之人。

　　《每人只錯一點點》一書中，記載了這樣一個故事：當巴西海順遠洋運輸公司派出的救援船到達出事地點時，「環大西洋」號海輪已經消失了，二十一名船員不見了，海面上

> 別以小過不為過

　　只有一個救生電臺有節奏地發著求救訊號。救援人員看著平靜的大海發呆,任何人也想不明白在這個海況極好的地方到底發生了什麼,導致這條最先進的船沉沒。這時有人發現電臺下面綁著一個密封的瓶子,打開瓶子,裡面有一張字條,二十一種筆跡,上面這樣寫著:

　　一水理查:三月二十一日,我在奧克蘭港私自買了一個檯燈,想在寫信給妻子時照明用。

　　二副瑟曼:我看見理查拿著檯燈回船,說了句這個檯燈底座輕,船晃時別讓它倒下來,但沒有干涉。

　　三副帕蒂:三月二十一日下午船離港,我發現救生筏釋放器有問題,就將救生筏綁在架子上。

　　二水戴維斯:離港檢查時,發現水手區的閉門器損壞,用鐵絲將門綁牢。

　　二管輪安特爾:我檢查消防設施時,發現水手區的消防栓鏽蝕,心想還有幾天就到碼頭了,到時候再換。船長麥凱姆:起航時,工作繁忙,沒有看甲板部和輪機部的安全檢查報告。

　　機匠丹尼爾:三月二十三日上午理查和蘇勒的房間消防探頭連續報警。我和瓦爾特進去後,未發現火苗,判定探頭誤報警,拆掉交給惠特曼,要求換新的。

　　機匠瓦爾特:我就是瓦爾特。

第一章　歷練生命，從抖落心靈的「風雪」開始

大管輪惠特曼：我說正忙著，等會拿給你們。

服務生斯科尼：三月二十三日下午一點到理查房間找他，他不在，坐了一會，隨手開了他的檯燈。

大副克姆普：三月二十三日下午一點半，帶蘇勒和羅伯特進行安全巡視，沒有進理查和蘇勒的房間，說了句「你們的房間自己進去看看」。

一水蘇勒：我笑了笑，也沒有進房間，跟在克姆普後面。

二水羅伯特：我也沒有進房間，跟在蘇勒後面。

機電長科恩：三月二十三日下午兩點我發現跳開了，因為這是以前也出現過的現象，沒多想，就將閘合上，沒有查明原因。

三管輪馬辛：感到空氣不好，先打電話到廚房，證明沒有問題後，又讓機艙開啟通風閥。

大廚史若：我接馬辛電話時，開玩笑說，我們在這裡有什麼問題？你還不來幫我們做飯？然後問烏蘇拉：「我們這裡都安全吧？」

二廚烏蘇拉：我回答，我也感覺空氣不好，但覺得我們這裡很安全，就繼續做飯。

機匠努波：我接到馬辛電話後，開啟通風閥。

管事戴思蒙：下午兩點半，我召集所有不在職位的人到廚房幫忙做飯，晚上會餐。

別以小過不為過

醫生莫里斯：我沒有巡迴醫療。

電工荷爾因：晚上我值班時跑進了餐廳。

最後是船長麥凱姆寫的話：晚上七點半發現火災時，理查和蘇勒房間已經燒穿，一切糟糕透了，我們沒有辦法控制火情，而且火越來越大，直到整條船上都是火。我們每個人都犯了一點錯，釀成了船毀人亡的大錯。

這張絕筆字條，清晰地記錄了整個事故發生的全過程。

有人曾這樣問過美國作家馬克・吐溫：「小過與大過有什麼區別？」馬克・吐溫答：「如果你從餐廳裡出來，把自己的雨傘留在那裡，而拿走了別人的雨傘，這叫小過。但是，如果你拿走了別人的雨傘，而把自己的雨傘留在那裡，這就叫大過。」馬克・吐溫的回答是幽默的，他告訴我們，小過與大過之間其實沒什麼本質區別。很多壞事常由小的先兆起頭，所謂「千里之堤，潰於蟻穴」，就是這麼回事。小過與大過之間並沒有隔著千山萬水，惡行往往是由小而大，由輕而重的。怪不得劉備會在遺詔〈誡子書〉中寫道：「勿以惡小而為之，勿以善小而不為。」

小吏若能及時悔過，「環大西洋」號上的每個人若能及時糾錯，又何至於釀成悲劇。其實，很多情況下，自然與人為是彼此互動的。小過與大過，幸運與不幸，常常近在咫尺。

第一章　歷練生命，從抖落心靈的「風雪」開始

一個人，明智不明智，就看在日常生活中，是不是懂得時刻警醒自己，做到防微杜漸。應該說，能以小過為過，及時改過，為大智。有了大智，方能化解人生的厄運。

【賞‧品悟】

一滴水可以折射太陽的光輝，一件小事可以看出一個人高尚純潔的心靈。好的小事是謀大事的基礎，大事是小事的累積。

努力營造生命的清明之境

　　常人眼裡，所謂清明之境，即脫離了感覺、情感和欲望。莫札特（Mozart）的清明之境卻不是這樣。讀過他書信的人都會有這樣一種感覺，當你陷入痛苦的時候，他的臉會像音符在眼前浮現；在你憂鬱的時候，他可以引領你去聽他心花怒放的、帶有孩子氣的、摻雜著幾分悲壯意味的笑聲。

　　莫札特一生受著病魔侵蝕，沒有人生活得像他那麼辛苦，他的一生就像是一場與貧窮和疾病無休止的戰爭，但他精神狀態卻非常健康。這種精神健康是一種鎮靜、一種理智、一種天性。他具備所有的情感，但絕對沒有過激的舉動。他天性中極強烈的情緒就是驕傲，這一點他從不隱瞞，若任何人傷了他的傲氣，他就會直言不諱地說：「使人高貴的是心；我不是伯爵，但也許我的靈魂比伯爵高尚得多；當差也罷，伯爵也罷，侮辱我的人，就是壞蛋。」除此以外，他所擁有的是和藹可親、笑靨迎人的靈魂。他的生命時時刻刻展露出人間溫情。他永遠有一股興高采烈的力量：無論什麼他都大驚小怪地覺得好玩；老是在活動、唱歌、蹦跳；面對一些枯乏的事情，他或許會毫無顧慮地大笑一陣。

第一章　歷練生命，從抖落心靈的「風雪」開始

　　關於友情，他在書信中說：「不論在什麼情形之下，不管在白天還是黑夜，只想為朋友好，竭盡所能使朋友快活的人，才有資格稱為朋友。」對待愛情，他充滿了甜蜜的興致，在他一生病貧交加最痛苦的時期，他透過書信安慰妻子，讓她看到他開朗的笑。對待親情，他顯得恬靜平和，在父親臨終前，莫札特在書信中寫道：「我希望得到好消息，雖然我已經養成習慣，對要惡化的事做好心理準備。死是我們生命真正的終極，所以我多年來和這個真正的朋友已經相熟到一個程度，它的形象非但不使我害怕，反倒使我鎮靜，給我安慰。我沒有一次臨睡前不想到也許明天我就不在世上了；然而認識我的人，沒有一個能說我的生活態度是憂鬱的或是悲觀的。這是以永恆的生命為歸宿的幸福。至於塵世間的幸福，則是靠了親人的愛得到的。」

　　作曲和演奏，和吃、喝、睡眠一樣對莫札特來說不可缺少。他在另一封書信中說過，有這個需求是幸福的。莫札特的書信中也提到過金錢：「告訴你，我唯一的目的是盡量賺錢，越多越好；因為除了健康以外，金錢是世界上最好的東西。」這些話，局外人聽來未免顯得俗氣，但莫札特到死都缺少錢，因為缺錢，他的自由創作受限，他的健康總是受到損害。莫札特是個著眼於生活，著眼於實際事物的人，他要活，他要戰勝病痛，他要擁有人生快樂。

> 努力營造生命的清明之境

　　莫札特的書信，營造了一種清明之境，這種清明之境正是他用自己的生命營造出來的。在他看來，音樂是人生的繪畫，音樂是動態的詩歌，音樂是真實情感的載體，是世人心中永無怨悔、永不止息、永不泯滅的追尋。

【賞‧品悟】

　　清明之境是一種精神的健康狀態，它是鎮靜的、理智的，它擁有舒緩音樂的特質，它擁有鮮花初放的笑靨，它是需要一個人用自己的生命去營造的。擁有清明之境，一切的磨難都會退到幕後，煙消雲散。

第一章 歷練生命，從抖落心靈的「風雪」開始

讓節儉的品德伴隨一生

他幼年喪父，與勤勞善良、吃苦耐勞的母親相依為命，他愛好體育運動，特別是打籃球、踢足球，常常打著赤腳在村裡的空地上跑來跑去，雖然當時的足球實際上是一些未成熟的土柚子，既不夠圓，也缺乏彈性，但他玩得很開心。即使他如此熱愛運動，但家裡沒錢讓他買鞋，他唯一的鞋是哥哥穿過的舊鞋，只有走親戚時才有機會穿。

童年的苦難磨礪出他的鬥志。他以優異成績拿獎學金讀完了大學。畢業成家後，他與夫人同心協力，靠一把剪刀，剪裁出一片全新的天地。成功後，為社會慈善公益事業，他做到日均捐款數十萬元，達二十七年之久。但他的生活卻極其儉樸，每餐半碗米飯，一點點肉，一些青菜，幾十元解決一餐。在應酬招待客人時，所有吃剩下的食物，他常常親自動手打包帶走。

童年的困苦造就了他節儉的美德。即使在成為上市公司老闆後，在日常生活中他依然保持節儉。

有一次，他贊助並組織各大足球隊打「甲級足球邀請賽」，期間，他的西褲中間褲縫脫線好幾公分，無論如何都

不能再穿了。他只得穿上了另外一套西裝。賽事結束的第二天，除中午與體育報記者有約之外，再沒有其他特別的安排，他便決定抓緊時間到附近街上看一看，實地考察一下市場行情。

當時，他讓司機將車暫時停放在飯店停車場，自己帶著幾個隨行人員步行到街上的百貨公司。從百貨公司走出來時，外面正下著傾盆大雨，由於有約在先，返回百貨公司買雨傘已經來不及了。他毫不猶豫冒雨一路奔跑衝向飯店。坐進車裡趕回飯店時，他渾身上下，裡裡外外全部溼透了。

沒有衣服可換，沒有時間去買。隨行人員不知如何是好，便出主意說：「老闆，不如我們打電話給體育報就說您臨時有事，來不了啦。」他搖搖頭說：「不行，這點小事算得了什麼，做人不可以這樣不尊重別人，不守信。沒關係，溼衣服沒有換的就不用換了，反正身子是熱的，溼衣服穿在身上，也會烘乾的。」他邊說邊將皮鞋裡的水倒出來，再脫下腳上的襪子，將水擰乾，然後再穿上去，並笑著說：

「你們看，沒問題了吧。」大家見他這樣將就，心裡十分難受，何況他們知道，他一向就有風溼病。

這頓午飯，他將溼衣服「吃」成了乾衣服，回到飯店才換上了乾爽舒適的睡衣。因為這個原因，他感冒了整整一個星期。

第一章　歷練生命，從抖落心靈的「風雪」開始

　　隨行人員說：「老闆，以後出門，我一定記得提醒您多帶兩套西服，要不然出門不小心弄髒了，連換的都沒有。」他笑了笑：「你不如提醒我回去後，記得找裁縫做好了，本來我想平時有兩套換洗的就夠了，做多了也是浪費。可能是這兩套衣服已經穿了三四年的緣故吧，要不然是不會脫線的。」

　　雖然屢屢「吃虧」，但他節儉的習慣卻根深蒂固，始終無法更改。他有一雙皮鞋穿了整整六年，因為時間太長，鞋跟磨得一邊高一邊低，走起路來既不方便又不舒服，於是他咬咬牙，決定買一雙新皮鞋。

　　在好朋友的陪同下，他買了一雙價值約六千元的皮鞋，穿上後，很輕很軟，感覺特別舒適。但幾天後，他腳上穿的還是那雙壞了的皮鞋，只不過他悄悄將這雙皮鞋換了鞋跟。朋友問他：「怎麼不穿新買的皮鞋啊？」他抬了抬腳，很開心地說：「你看，補好了，又可以穿了，新買的鞋那麼貴，還是留著在有慶典活動的日子再穿吧。」

　　一個身家豐厚的大老闆，每次捐贈動輒千萬以上，居然連一雙普通上班族穿的皮鞋都不捨得穿，豈有不令人為之動容的。就這麼一雙皮鞋，最後還是沒有穿在他的腳上，而是拿到集團公司所在的歐洲工廠做了模範。

　　他捨得捐贈，卻捨不得花費在自己身上，節儉到了對自

> 讓節儉的品德伴隨一生

己近乎刻薄的程度。有人不理解，問他這是何苦？他說：「我是一個普普通通的商人，人生在世，來時兩手空空，去時也不能帶走什麼。我只希望在我的有生之年，為社會多做一些事情，盡可能多地留下我的一片愛心。」

這位一雙皮鞋穿了六年，還要換上鞋跟再穿下去的男人，如今成為了香港富豪、知名集團總裁。

【賞・品悟】

節儉是美德，美德是可以滋養他人的。一個節儉到了對自己近乎刻薄卻捨得捐贈的人，滋養了他人的心靈。

我們所處的世界，之所以多彩多姿，相當程度上是因為美德的支撐。

第一章　歷練生命，從抖落心靈的「風雪」開始

以流動的色彩詮釋內在的生命熱情

　　黑格爾（Hegel）說：「人體是高於一切其他形象的最自由最美的形象。」有一位女性畫家的畫作表現最多的便是女人體，她描繪的女人體典雅素靜，既秀美靈逸又堅實飽滿，充溢著個性化的審美情趣。

　　對於女人來說，似乎只有美麗，才能讓別人記住她的名字。然而她相貌平平，父母早逝，少時漂泊，淪落風塵，嘗盡人間冷暖，多虧她天資聰慧，識字習畫，憑藉繪畫天賦和不懈的努力才得以揚名。

　　進入美術專門學校後，她開始學習油畫，走上了一條布滿荊棘、歷經磨難的藝術之路。為擺脫世俗難容的窘境，也為了藝術的追求，不久，她在校方的幫助下，隻身赴法留學。

　　留學期間，她先學習法文，隨後考進里昂美術專科學校繼續學習油畫，兩年後畢業，後考取巴黎國立美術學院。她學成後回鄉受聘於美術專科學校，並到大學兼任藝術系教授。然而生活的荊棘再一次讓她憤然離去，漂泊海外。

> 以流動的色彩詮釋內在的生命熱情

　　她的作品多為油畫、素描，也有少量的雕塑。她這一時期的作品，題材廣泛，功力扎實，同時又或多或少帶有一些西方繪畫流派的烙印。第一次法國留學，使她充分感受到了藝術上的自由。當時的巴黎，是歐洲各種藝術思潮融會的殿堂，從古希臘、古埃及文明到文藝復興；從法國古典主義、寫實主義、浪漫主義到現代繪畫，各種流派的思想在這裡激盪、交融，呈現在她的眼前。

　　第二次赴法時，她開始有選擇地從眾多藝術大師的作品中汲取營養，在借鑑他人經驗的同時明確地抒發自己的感受，沒有局限在一種風格、一種形式之中。從她這一時期創作的作品中，我們可以看到她在藝術風格表現方面，融合了眾多流派繪畫的風格和韻味。

　　一個出身卑微，卻有思想、有見識的女性，就這樣大膽地走出家門、國門，在社會活動的大熔爐中屢經磨礪，無怨無悔地尋求著藝術的發展。她作品中躍動的色彩、流動的畫面詮釋一個女畫家內在的生命熱情。命運的作弄和社會的不公，不僅沒有壓抑她非凡的才華，反而孕育出一脈更具獨特氣息、更具撲朔迷離色彩，堪稱畫中之魂的女性芳香。

第一章 歷練生命，從抖落心靈的「風雪」開始

【賞‧品悟】

　　人不是因為美麗而可愛，而是因為可愛才美麗。潘玉良面容雖不姣好，但畫藝精湛；雖屢遭世俗重壓，但從未放棄對藝術的追求，這樣一種高貴的品格和高雅的氣質讓她的靈魂隨著畫香一起流芳百世。

從小處著眼，實施人生夢想

　　從研究所畢業後，二十三歲的向先生成為了商用小飛機試飛師，每天跟飛機打交道，翱翔於藍天白雲間。這份工作，是很多理工科男生的夢想。然而，一年後，他放棄了，他心裡惦記的，依然是讀書期間和朋友在街頭開的小飲品店。

　　見向先生拖著行李箱回來，朋友們無不驚奇：「那麼風光的工作放下不幹，非得做街頭小生意？」他笑著說：「是呀，我回來就想著要把這小生意做大。」這不是玩笑話。他喜歡憑藉自己的靈性自由自在地幹事業。

　　坐在並不起眼的「二少莊園」小飲品店裡，向先生開始思索怎樣才能讓路人駐足。從店鋪的 LOGO 到每一張海報他都精心設計，他更堅持每一杯都自己調製，在杯中注入獨特的心思。

　　一天，他在網路上看到一個「10%先生」的漫畫作品，作者將「10%先生」定義為：他看起來大概比我高 10%，年齡恰好大我 10%，飯量超過我不止 10%，知識面永遠比我多覆蓋 10%，交際圈子比我廣泛 10%，比我主動 10%，生

第一章　歷練生命，從抖落心靈的「風雪」開始

命力也必須要比我持久10％……哪個女孩不願找到這樣一位「10％先生」？

靈感一閃，向先生決定借用「10％先生」的構思，他開始著手創作「10％先生」情侶手工飲品。怎樣才能完美地傳達清澈、溫馨的戀情？他和搭檔用不同的材料做配比，奶茶、抹茶、優酪乳、果汁、咖啡……試了十幾種材料，最終確定男生款是藍色伏特加果凍酒，女生款是玫瑰冰凍乳酸飲。而且男生杯裡的飲料高度正好比女生杯多出10％。「10％先生」情侶飲品上市後，店裡的顧客立刻多了起來，而且與日俱增。

此後，向先生的靈感如湧出的泉水，源源不絕。一天，他正專心致志地調製冰飲，一個女孩打來電話，問他能不能為她男朋友調製一杯特別的咖啡。原來她男朋友畢業去了外地，而她獨自留下，她怕男朋友會忘記一起走過的日子。向先生以清新的筆調寫出這個故事，並影印出來，然後手磨了一袋特製的咖啡粉，只要沖泡一下，就能泛起甜蜜的味道。他把故事和咖啡配方一起交給女孩，說：「這是特意為你訂製的咖啡，名字就叫執子之手！」

這個故事立刻就在網路上流傳開來，來訂製「執子之手」的情侶一波接一波。

> 從小處著眼，實施人生夢想

　　冬天，要讓顧客走進小店，並愛上手工飲品並不是一件易事。在短暫的茫然之後，他看上了雞尾酒果飲。他從一款動漫遊戲中找到了靈感，把七種雞尾酒果飲命名為「希臘神話」系列，在櫃檯上一字排開，配以不同顏色和形狀的杯子，氣氛一下子就突顯出來。如一杯林中仙子──貝爾蒂絲，以龍舌蘭和薄荷力嬌酒為基底，淡淡的薄荷香氣讓人聯想到鬱鬱蔥蔥的森林，其清甜的口感將龍舌蘭的甘醇襯托得更加優柔；一杯孔雀明王，沒有解說，你很難想像這是一杯啤酒，自下而上的色彩拉伸，體現不同色系間完美的轉換，亮藍與金黃的交融，是「孔雀明王」最貼切的表達。「希臘神話」系列出來後，吸引了很大一部分不愛喝飲料的購物族，也逐漸打響了「二少莊園」的招牌。

　　之後，向先生完善了健康茶飲、花果茶、咖啡、奶茶、酒精果飲等共計九十餘種創意產品的配方，決定開放加盟管道。就這樣，在短短一年時間內，他的人生夢想透過他的街頭小生意一步一步地被實現。在世人心中，他以「舍大求小，創意立業」起步，一不留神，就將街頭小生意做到了「活色生香，風生水起」。

第一章 歷練生命，從抖落心靈的「風雪」開始

【賞‧品悟】

「捨大求小，創意立業」，充分說明做事業從小處著眼一樣可以成功。無論大事小事，成敗的關鍵是，需要創業者有開闊的眼界，有博取眾長的智慧，有開拓的膽量，有創新的能力。如果不具備這些，要想取得「活色生香，風生水起」這樣的成功，恐怕只能是黃粱一夢。

第二章
人生進退，
最重要的常常是運籌和思量

　　在一些場所，音樂人因擁有美麗的臉龐而具有十足的魅力；另一些場所，音樂人臉上的滄桑無形之中塑造出了音樂人生命的彈性。

　　不必苛求音樂人的臉龐要多麼光彩照人，在我們的世界裡，任何外在美終究只是有限而短暫的，真正深刻而雋永的都有內在的特徵。

第二章　人生進退，最重要的常常是運籌和思量

人的一生，最需要珍愛的是智慧

「人生的意義是什麼？……偉大的啟示根本就不會顯現。替代它的是小小的日常生活的奇蹟和光輝，就像在黑暗裡出乎意料地突然擦亮一根火柴，使你對於人生的真諦獲得一剎那的印象……」英國女作家維吉尼亞・吳爾芙（Virginia Woolf）的小說《航向燈塔》中的這些文字透露出來的智慧，常常會讓寧靜的生命隱隱泛起或明或暗的躁動。

吳爾芙是個謎一樣的作家。她曾說：「生活並非一組勻稱排列著的輕便馬車的車燈；生活是一圈明亮的光暈，是從我們的意識萌生到其結束為止，始終包裹著我們的一個半透明的封套。」她正是在這種半透明的謎一樣的狀態中，展現著生命中超凡脫俗的智慧。

因為傾慕吳爾芙的超凡智慧，畢業於劍橋大學的倫納德（Leonard）愛上了她。儘管吳爾芙視婚姻為「喪失自我身分的災難」，認為「愛情宛如壯麗的火焰，必須以焚棄個性的珍寶為代價」，但她並不拒絕精神之愛。然而吳爾芙只是一味地沉溺在精神之愛中，自始至終激發不出半點世俗的情慾色彩。在這種一廂情願的情況下，倫納德開始一心一意追求對吳爾

> 人的一生,最需要珍愛的是智慧

芙的精神之愛。他這樣做的唯一理由 —— 在他心目中「她是個天才」。這樣一來,吳爾芙完全被倫納德折服了,對他一直懷著從未有過的感激之情。她認定倫納德就是自己生命中隱藏的核心,是她創造力的泉源。她曾坦率地告訴一位密友,沒有倫納德,她可能早就開槍自殺了。這份精神之愛一直維持到一九四〇年。如果沒有德軍對英軍實施「海獅」計畫,就不會帶給吳爾芙生命中無法忍受的重創。那一年,她在寄給友人的信中寫道:「我生命的熱情,就是倫敦城⋯⋯看見倫敦整個被摧毀,這太刺痛我的心了!」翌年,五十九歲的女作家維吉尼亞・吳爾芙跳入烏斯河的激流,她沉入了水底,沉入了生命的黑暗和神祕的本源之中,也印證了自己曾說過的一句話:「我會像浪尖上的雲一樣消失。」在投河自盡前,她留下字條,說自己畢生的幸福源於她的丈夫倫納德。

在生命緩緩沉澱到歲月縱深處,再也聽不見鳥兒的歌唱,聞不到白玉蘭的馨香,看不見枝頭透綠的新芽的時候,吳爾芙展現在我們面前的精神之愛還在,智慧之花還在,它們幻化出可以照徹人心的不朽的光亮,優雅地穿梭在一代又一代人熱切的懷想和堅實的記憶中。她彷彿在說:「死是另一種形式的生,只不過這種形式更有利於彰顯獨特的智慧和熾熱的愛情。」

第二章 人生進退，最重要的常常是運籌和思量

【賞·品悟】

一個葫蘆如果長得小，可以做飾品，它是有用的；一棵樹長得小，它可以做桌子、椅子，它是有用的。一個葫蘆長得大，可以當瓢，它還是有用的；一棵樹長到最大，它可以做棟梁之材，它也是有用的。一個人，永遠不要去羨慕他人。多問一問：我的核心競爭力究竟是什麼？我究竟有哪一點是不可替代的呢？這就是你的智慧。

愛需要智慧，工作需要智慧，生活需要智慧，有智慧的人會把工作、生活和感情都處理得特別動人。

不同的心境，演繹不同的人生際遇

不同的心境，演繹不同的人生際遇

有這麼一個人，三十好幾，離異。他好酒，每天醉裡來，醉裡去，醉生夢死。在辦公室，他說得最多的一句話便是：「受不了！」

什麼受不了？應酬多了受不了，還是酒喝得受不了？只有他自己明白。總之，他每天都會將一身酒氣和興奮之情帶入辦公室，說著酒話，談著酒事，泡在自己營造的氛圍裡。

渴了的時候，他也喝酒以外的東西。喝茶，茶裡面還加點蜜。他也會熱情洋溢地談起酒文化和茶文化，也會冠冕堂皇地將酒香、茶香與人格馨香混為一體。他常說，喝茶可以調理浮躁心態，讓心境從喧囂回歸安靜。旁人說：你算是喝出境界來了。他瞇眼笑笑，就勢打起了呼嚕。

屬於他的境界，和李白「鬥酒詩百篇」、蘇軾「松風竹爐，提壺相呼」的境界自然是兩重天地，大相逕庭。

在小說大家曹雪芹看來，喝的境界不在於喝本身，而在於怎樣喝，怎麼品。再平常再凡俗的事，一旦用複雜精細的程序來表達，就有了意味和蘊意。《紅樓夢》中，他借妙玉之口表明了自己的看法。一天，妙玉悄悄拉著寶釵、黛玉喝

第二章　人生進退，最重要的常常是運籌和思量

茶，沖茶用的水就大有講究，「這是五年前我在玄墓蟠香寺住著，收的梅花上的雪，共得了那一鬼臉青的花甕一甕，總捨不得吃，埋在地下，今年夏天才開了。」把林妹妹唬得不好多話，「寶玉細細吃了，果覺輕浮無比」。妙玉所用的茶具，無一不是古董珍玩。論到喝茶，妙玉還刻薄地說：「一杯為品，二杯即是解渴的蠢物，三杯便是飲牛飲騾了。」在曹雪芹心中，喝茶不在解渴，而在辨味。

在電視上見過專業的茶藝表演，沏茶的程序讓人眼花撩亂，還配有古箏彈唱。不光桌子、椅子、茶具顯出古樸之氣，連彈琴的小姐也頗有些古色古香的神韻。雖在螢幕之外觀看，但螢幕中的茶香氛圍早已浸入心扉。個中蘊意，與曹雪芹先生在《紅樓夢》中的描述，頗有些遙相呼應的味道呢！

我呢，習慣使用最普通的玻璃杯，喝最平淡的白開水。總是在渴了的時候，將純淨的滾水和純淨的涼水兌成溫熱，大口喝下。那一刻，深切的快感就會自心底升騰起來。在溫軟之水的滋潤裡，平實的生命才日復一日煥發著生機。竊以為，像我這樣將白開水喝得大快朵頤，毫無講究，怕是進入無境之境了吧。

總之，世俗生活中，少不了熱烈和平淡，苦澀和甜蜜。就像生活中有酒和水、茶和蜜一樣。不同的心境，會有不同的喝法；不同的喝法，演繹出的，是不同的人生際遇。

不同的心境，演繹不同的人生際遇

【賞・品悟】

　　喝，是日常生活中最常見的一個環節。它因人而異，因境而異，因時而異。喝，可以解渴，可以辨味。喝的境界，與喝的方式有關，它可以透現一個人內心的隱祕。正是這樣一個常見的人生環節，可以讀出一個人的際遇，一個人的性情。

第二章 人生進退，最重要的常常是運籌和思量

話不能說得太滿

任何人都明白，說話是一門藝術，會說話的人，話往往說得穩妥、嚴謹，留有餘地，不善言辭的人，話常常說得偏激、絕對、滿裝滿載。後一種情形，常常會造成「禍從口出」。可以說，職場上，話說得太滿，一不小心，就會將人推入尷尬境地。

許多面試場合，為發掘有用人才，考官總會想方設法設定一些陷阱，如果考生以自負的方式、自負的語氣說話，將話說得太滿，往往會功虧一簣。比如說，考官要求考生介紹面前紙杯的好處，待考生從多個角度極盡溢美之詞回答完後，考官又讓考生介紹這個紙杯的壞處，如果一開始話說得太滿，肯定就難有回旋的餘地了。

生而為人，不要自己替自己設一堵牆，否則，難倒的只會是自己。有這麼一個大學畢業生，到某企業應徵，為了證明自己「對這個企業的價值」，不假思索地誇下海口：「一年內，我能實現五百萬的利潤。」殊不知，該企業業務分散，就算是經驗豐富、打拚多年的市場人員，一年的業績能逾五百萬者也寥寥無幾。面試官問：「是否了解公司最近的

> 話不能說得太滿

動向？你實現這個利潤的具體方案是什麼？」畢業生張口結舌。因為話說得太滿，無回旋餘地，他在這一環節理所當然被淘汰出局。

美國有一個非常著名的業務員在談到他為什麼會成功時，講過這樣一個故事，一次他在推銷《幼兒百科全書》時對一家人說，他的這套書能解答孩子們提出的任何問題。然後他又對那家的孩子說：「小朋友，你隨便問我一個問題，看我怎麼從書上找到你想知道的答案。」這個小朋友問：「上帝坐的是什麼牌子的車子？」這個業務員聽此一問，當時就面紅耳赤，無言以對。從這次經歷，他總結出一個經驗，那就是：話不能說得太滿。正因為他明白了這一點，後來他走上了成功之路。

日常生活中，常常會出現一個群體評價另一個群體的情況，比如男人評價女人或是女人評價男人時，話如果說得太滿，往往會一竿子打翻一船人。其實，只要我們是活生生的人，又何嘗不知道，某個男人的不是，未必就是所有男人的不是；某個女人的問題，未必就是所有女人身上存在的問題。可以說，生而為人無絕對，不會有絕對的好和壞，不會有絕對的美和醜，不會有絕對的近和疏……為人如此，為文何嘗不是如此，如果以抑春夏來揚秋冬，文章再浮華，再燦爛，也掩蓋不了膚淺的成分，這樣的文字自然算不上好文字。

第二章　人生進退，最重要的常常是運籌和思量

【賞‧品悟】

說話，是一門藝術。有些話一說出來，會讓人心驚肉跳；有些話一說出來，會讓人如沐春風。話說得太滿，不留餘地，往往會將自己和他人都置於難堪境地。同世間許多事物一樣，說話，也是需要講究分寸的。

活在今生，原本就是美麗而浪漫的事情

世象紛紜，時空茫茫，前生是什麼？今生為什麼？來生做什麼？是人，總會偶爾想到這些玄奧的問題。自然，不同的人有不同的答案。

前生可以追溯到我們的祖先，最起碼可以追溯到我們的父輩。一份偶然的愛，一種偶然的機緣，便有了我們的今生。我們的今生包含逝去的昨天，實實在在的今天，變幻莫測的明天。從某種意義上說，今天所處的形態是前生、今生、來生的一個縮影。

前生之愛與恨、情與仇、大度與狹隘、睿智與愚魯，不管你承認不承認，它都是客觀存在，延伸到了我們今生的生命中。即便有很大的變異，但仍然有相當一部分是傳承下來的，我們稱之為傳統。傳統的東西讓我們對飄渺的前生有一個定性的評判和掌握。面對前生，我們像找到了一面鏡子，知道怎樣拂去自己身上的灰塵，怎樣打理自己的行裝，怎樣撇開自己的弱勢，怎樣發揮自己的特長。前生注定為今生鋪陳。

擁有今生是一種幸運。我們應該感謝我們的父親母親，

第二章　人生進退，最重要的常常是運籌和思量

真的，他們將我們帶到這個世界，讓我們在一片混沌之中清晰地突顯出來，賦予我們思想，賦予我們情感，賦予我們靈性，讓我們有了充滿生命玄機的今生。今生固然有很多不盡如人意的地方，比如我們會有寂寞、煩惱、憂鬱……但恰恰是這些東西，才讓我們的生命更豐富飽滿，就像有白天也有黑夜一樣，那些是熱切、喜悅、歡樂的點綴。生命有如交響樂，有如正弦曲線，總在高與低之間輪迴。

今生愛就愛了，恨就恨了，賺就賺了，賠就賠了，風吹過髮際無法再去捕捉。好在今生可以不斷地懷有夢想，好在今生還有一些時光，好在我們的笑容猶在。

來生也許會有，當我們由一種物質形態演變成另一種物質形態，誰能斷定不會有一次新的凝聚？當然，來生是今生一個美麗的夢想，來生到底如何，還得看今生做了些什麼，留下了什麼，最實在的來生是要靠今生的運作來見證，來突顯的。

我們掛念前生，是因為我們今生具有情感；我們夢想來生，是因為我們留戀今生抑或帶著傷痛；我們活在今生，延續著我們的前生，締結著我們的來生，這才是值得我們珍視的美麗而浪漫的事情。

> 活在今生,原本就是美麗而浪漫的事情

【賞‧品悟】

　　前生也好,來生也好,在茫茫時空裡,都是未知的東西。重要的是,活在今生,活在當下,過好今天。有夢想,有追求,有奮鬥的經歷,有成敗的體驗,這才是值得我們珍視的事情。

第二章 人生進退，最重要的常常是運籌和思量

想的，說的，做的

　　想的，說的，做的不一致，也就是心口不一，言行不一，這種現象在成人中極為普遍。

　　隨意的場合，能聽到的真話比在有所約束的場合聽到的真話要多得多。有這樣一則電視新聞，記者採訪公益彩券發行情況，採訪時幾位民眾對著麥克風，有說獻愛心的，有說為公益事業做貢獻的，有說豐富業餘生活的，有說湊熱鬧玩玩的……當時有一名外國留學生在場，記者將麥克風轉向他，問他為什麼買彩券時，他說了一句別人心裡想過，卻不會在公開場合輕易說出口的大實話：買彩券是為了中大獎。

　　任何人都知道，買彩券中大獎的機率很小，但絕大多數民眾掏錢的時候內心深處的確抱著中獎的期望。雖然不是每個人都想過要中最大獎，但民眾閒談時大都希望能中上多少，當然中得最大獎最好。那樣就可以購房、購物、外出旅遊，甚至辭去現有的工作，一心一意去做自己想做的事。

　　很多人都有當官的欲望，有這樣一句話，不想當將軍的士兵不是好士兵。官場中人自然而然套用了這個邏輯，且不

> 想的，說的，做的

說大權在手可以為更多的人服務，至少可以對某些地方的某些人產生監督作用。

官是人做的，人各有異，最可怕的就是有人將權勢與利益掛鉤，權勢若是與利益掛了鉤，明爭暗鬥、索賄行賄就有了蔓延的土壤，不事作為、弄虛作假、欺上瞞下就有了冠冕堂皇的理由，與此同時，惡勢力也就有大行其道的可能。

撇開做官不說，單說世俗的男人女人，男人見到某個女人時，第一印象是這個女人身材如何出色，容貌如何美麗，衣著如何光鮮，會自覺或不自覺地發出讚嘆，同時眼睛露出異樣的光芒。這個時候，女人為有人欣賞她而高興，畢竟任何一個女人都是期望得到別人讚美的。可她偏偏一臉嗔怒：看什麼看，你這個色鬼啊！過後女人見到男人還是希望他能說出那句讚美的話，或許她以身相許的偏是那個她在嘴巴上掛著「討厭」二字的人。

其實，很多人都難免有言不由衷、行為受限的時候，因此，一個現實的社會便顯現出了它的豐富性。

當然，現實的社會人若真的讓想的、說的、做的達成了一致，人也就成為純粹的人，所處的社會也就成為誠信實在、清麗明朗、表裡如一的美好社會了。

第二章　人生進退，最重要的常常是運籌和思量

【賞‧品悟】

　　一直希望自己能夠擁有一顆純淨的心，簡簡單單，平平淡淡，如水中浮萍，有別樣的心境；視線純淨，歲月潔白，心如止水般透明。這樣的真實，唯有自己努力去做了。

如果不性感，就要感性

漫畫家朱德庸在論女人時有這樣一句話：女人如果不性感，就要感性；如果沒有感性，就要理性；如果沒有理性，就要有自知之明；如果連這個都沒有了，她只有不幸。

性感，是生而為人的一種特別的肢體語言，一種難得的境界，有著不可抵禦的魅力。正因為這樣，它才成為大多數女人一生不懈追求的東西。時下，製造性感、欣賞性感、展示性感的圈子眾多，可以說，大多數形體類表演都是以性感為切入點的。美國女藝人蒂塔・萬提斯（Dita Von Teese）經典的「香檳浴」表演，全方位展現了她火爆的性感身材，令人血脈賁張；最近，她又在倫敦拍攝了一組火辣的照片，再一次多角度藝術化地展示了身上所具有的性感元素。

性感是可分的，有視覺的性感，也有內在的性感；有媚俗的性感，也有優雅的性感。也就是說，有的人性感在骨子裡，撩人於無形之中，這樣的性感是從身體內部自然散發出來的；有的人看起來性感，卻沒有半分神采，毫無疑問，這樣的性感是沒有什麼生命力可言的。有人說，運動的女人最性感；也有人說，具有獨立、創新和反叛精神的女人最性感；

第二章 人生進退,最重要的常常是運籌和思量

還有人說,美麗中摻和著野性,具有強烈征服欲的女人最性感。關於女人性感的說法甚多,但可以肯定,最耐人尋味的性感是超越視覺的,美麗、豐滿、野性可以是女人性感的成因,但絕對不是全部。應該說,最完美的性感,是先天造化和後天努力的聚合,它由內及外,由表及裡,舉手投足間,散發著無窮的魅力。

感性與性感不同,它是一種知性美。當男人看到瑪麗蓮・夢露(Marilyn Monroe)那裙子被風吹起的照片時,會在心裡由衷地讚嘆:「性感!」這正是男人的感性,它是有感而發的一種真實的性情。女人的感性體現在她的母性上,花凋葉落,雲捲雲舒,都會挑動她內心深處的那根琴弦。明明是虛構的電視劇,卻可以讓一個感性的女人灑下無數感性的熱淚。女人的感性也體現在她對事情的好惡程度上,比如看球,女人常常只是憑感性來看球,她看的是球星們帥氣的動作,健美的身材,英俊的長相,在她們的感覺中,踢球時的男人才是男人中的男人。所謂的規則和勝負,所謂優美的腳法、傳球的技巧、配合的精妙,在她們心中都可有可無。

可以說,具有性感和感性的女人,是完美的、優秀的。缺少了性感,作為女人就要大打折扣,就會寡淡無味、搖盪不起生命的熱情;缺少了感性,就失去了女人的恬靜溫婉、真摯深切、柔情細膩,就更沒有女人味可言了。

> 如果不性感,就要感性

【賞‧品悟】

　　如果有人說你很感性,那麼一般就是說你喜歡憑直覺,容易動感情,但同時也意味著你往往對事物的觀察有獨到之處。而自然原始的性感美最動人,最是那一低頭的溫柔,不勝水蓮花似的嬌羞,就是說的性感女人的極致婉約之美了。

第二章 人生進退，最重要的常常是運籌和思量

閱讀，讓生命延伸有突破的方向

閱讀分兩種：時尚閱讀和經典閱讀。在我看來，閱讀可以是一件簡單的事情，也可以是不簡單的事情。說它簡單，是因為閱讀之人可以隨心隨意，揀自己喜歡的文字過目、瀏覽，讀過了，看過了，腦子裡能儲存多少算多少，沒有人強求；說它不簡單，是對有心研究學問的人而言，這時，它是一種高強度的腦力勞動，有心透過他人的文字，從中發掘自己想要的東西。

「心靈雞湯」類的閱讀之所以時尚，是因為在快節奏的生活中，最易讓人從「雞湯」裡喝出人生甜美來，從庸俗的生活中看到人生真諦，產生心靈的共鳴，讓人在輕輕鬆鬆的閱讀中找到自己的人生密碼。陽光照出七色，人生有百味。其實人生本身就是一場閱讀，無論是誰，生命裡都蘊含著一個完整的故事，抄不來別人的章節，總是在繁複的人生之旅上邊讀邊寫，在寫完這本人生之書的同時，也完成了一場悠長的充滿酸甜苦辣的閱讀。

有位作家曾說過「無論什麼經典，都不妨當作閒書來讀。」

> 閱讀，讓生命延伸有突破的方向

閱讀的心態和方式都應該是輕鬆的。千萬不要端起做學問的架子，刻意求解。讀不懂不要硬讀，先讀那些讀得懂的、能夠引起自己興趣的著作和章節。」這段話，有興致閱讀的人不妨借鑑一下，無論讀什麼書，還是少給自己壓力好，在沒有壓力的情況下讀書，滲入生命中的才是真正想要的東西。也就是說，在閱讀經典時，不妨以時尚閱讀的方式來進行。

總之，不管是時尚閱讀還是經典閱讀，都可以令人睿智豁達、優雅美麗。因為閱讀潛移默化的功效，人生境況會因此發生漸變甚至提升。也許，閱讀不能改變人生的長短，卻可以改變人生的廣度，讓人生不屈從於命運的擺布，不離不棄地走向心中夢想；閱讀足以讓人類心靈自由飛翔，時空再無限、再遼遠，思想卻可以一次次抵達心靈深處；閱讀就是與智者交談，與偉人對話，站在巨人的肩膀上，更好更快地認識人生、社會、世界；閱讀讓人擁有發散性思維、開闊的視野，可以讓有限的生命，體會遼遠壯闊，浩蕩激越，蓬勃蔥蘢，氣象萬千。

善於閱讀的人，是豐富的；不善閱讀的人，是寡淡的。閱讀讓生命產生光合作用，讓生命春意盎然。有了閱讀，人就有了超越物質之上的靈性，有了與世界對話的能力。停止閱讀，就意味著一個活生生的人，切斷了與世界以及心靈的

第二章　人生進退，最重要的常常是運籌和思量

溝通，處於看不見陽光，聽不見聲音，聞不到芬芳的境地。所以說，只有閱讀，夢想的翅膀才會更有力度，生命的延伸才會有突破的方向。

【賞・品悟】

望著遠方一線天光，唱一支古老的歌；掀開書頁，讀幾篇好文章；拿起筆，寫一首小詩，或隨意寫下你心中要說的話，都是在將生命不斷延伸。靈感，往往來自感悟，來自閱讀，若哪天你真正覺得「一日不讀……面目可憎」的話，閱讀就在你的生命裡生根了。

> 背負名望的人，爲人處世更要多運籌、多思量

背負名望的人，
為人處世更要多運籌、多思量

　　常人多敗筆，這是平常的事。因為是常人，所以再多、再矚目的敗筆也難以留下印記。名人則不然，得意之筆別人會注意，敗筆之處別人也絕不會放過。所以，歲月長河中，名人的敗筆即使被遺忘，被歲月塵封，也只是一時的，它終有被挖掘出來的一天，絕不可能銷聲匿跡。

　　近代文學史上，魯迅之所以得到高度評價，是因為他筆下的景物大氣自然，人物唯妙唯肖，評論一針見血。他在表達一種思想的時候，極具概括的能力，寥寥幾句，就能抵達事物本質，讓人茅塞頓開。正因為如此，才有人著意尋找他的人生敗筆。有說他刻薄偏激的，有說他高傲不群的，等等。其實，魯迅是個很有自知之明的人，他也曾經坦率地說過，自己內心藏著一股「陰毒之氣」。其實，這種「陰毒之氣」是特定時代的產物，無論如何也蓋不過他身上的骨氣、浩氣、銳氣、勇氣、正氣、志氣，若說他身上的「陰毒之氣」是他的人生敗筆，未免有些牽強。

　　近現代史上，康有為、章太炎、胡適等，都是值得大施

第二章 人生進退，最重要的常常是運籌和思量

筆墨的人物，他們的人生敗筆卻是明顯的。康有為好大喜功，覬覦他人成果，其《新學偽經考》、《孔子改制考》主旨多出自廖平的《闢劉篇》，康有為為著書而著書，暴露了學術上的疏淺和為人的不厚道。

章太炎晚年索居蘇州，除了一肚子學問外，無權無勢。因為家人的一宗官司糾葛，他情急之下，向上海的黑幫老大杜月笙寫信求助。杜月笙正想結識這位學術泰斗，看到信後，不費吹灰之力就將事情擺平了。而後，杜月笙趁熱打鐵送給章太炎一張銀票，解除了他經濟上的拮据。此後，白花花的銀子不斷從杜府流入章府。章太炎投桃報李，親自為杜月笙修家譜。就這樣，一位聲震寰宇的國學大師與一位黑幫老大有了說不清的瓜葛。

胡適在五四時期發動了白話文運動。他有一句名言：「有什麼話，說什麼話，話怎麼說，就怎麼寫。」依照這個邏輯，他把《丁文江傳》改為《丁文江的傳》，認為唯有如此才算道地的白話。在胡適主張的影響下，一度掀起了廢除古文的極端運動，以致大半個世紀以來，漢字一直處於文字改革家之「彀」中，顛來倒去，讓人無所適從。

當然，名人不是聖人，一生有敗筆在所難免。但名人的影響力是常人所不及的，一旦出現了敗筆，其負面影響之巨

> 背負名望的人，為人處世更要多運籌、多思量

大，危害之寬廣，實實在在是無法估量的。所以，背負名望的人，在人生旅途上，為自己也為他人，更有必要多運籌、多思量，小心走好人生的每一步。

【賞·品悟】

　　名人不是聖人，名人也是人。只是名人更引人注目，所以名人說話、做事更容易受重視。名人一旦出現人生敗筆，往往會因「名人效應」帶來無法估量的危害。所以名人處事做人更要有分寸。

第二章 人生進退，最重要的常常是運籌和思量

絕妙的口才，讓人生收放自如

　　形形色色的生活中，有些話若是直接說出來，不光顯得說話之人沒能耐，少涵養，嚴重的還會造成不可挽回的後果。正因為這樣，相當一部分名人，才在複雜的人際交往中，鍛鍊出了令人嘆服的口才。有的名人生性幽默機敏。一次，一位商人見到猶太詩人海涅（Heine），對他說：「我最近去了大溪地島，你知道在島上最能引起我注意的是什麼嗎？」海涅問：「是什麼？」商人說：「在那個島上呀，既沒有猶太人，也沒有驢子！」海涅聽出對方在侮辱他，便回答道：「那好辦，要是我們一起去大溪地島，就可以彌補這個缺陷了。」商人自討沒趣，灰溜溜地走了。無獨有偶，童話大王安徒生（Andersen）也遇到過類似的情況。有一天，性喜簡樸的他戴著一頂破帽子在街上行走，路上有人取笑道：「你腦袋上那個玩意兒是什麼？能算是帽子嗎？」安徒生聽後一笑，不假思索地答道：「你帽子下那個玩意兒是什麼？能算是腦袋嗎？」旁人聽了安徒生巧妙的應答，禁不住鬨然大笑。

　　有的名人遇事鎮靜睿智。一天，生物學家巴斯德（Pasteur）在實驗室工作，突然闖進一名男子，指責他誘騙了自己

的老婆。清白的巴斯德在對方提出決鬥之後，沉著地說：「首先宣告，我是無辜的，如果你非要決鬥，我就有權選擇決鬥的方式。」對方同意了。巴斯德指著面前的兩瓶燒杯說：「這兩瓶燒杯中，一瓶有天花病毒，另一瓶是淨水。你先選擇一瓶喝掉，我再喝餘下的一瓶，這樣還算公平吧？」巴斯德這麼一說，提出決鬥的男子一下子陷入了難解的死結，他只得放棄挑戰，尷尬地退出了實驗室。

還有一個耳熟能詳的故事，齊國晏子因身材矮小，在出使楚國時，被楚王嘲諷：「難道齊國沒有人了嗎？」晏子說：「齊國首都大街上的行人，一舉袖子能把太陽遮住，流的汗像下雨一樣，人們摩肩接踵，怎麼會沒有人呢？」楚王揶揄道：「既然人這麼多，怎麼派出你這樣的人呢？」晏子回答說：「我們齊王派最有本領的人到最賢明的國君那裡，最沒出息的人到最沒修養的國君那裡。我是齊國最沒出息的人，所以被派到楚國來了。」晏子睿智的口才，讓楚王剎那間面紅耳赤。

巧妙的應答，常能讓不懷好意的人自討沒趣，無地自容。無疑，身為名人，如果擁有幽默、機敏、鎮靜、含蓄的口才，就會如魚得水，收放自如，化被動為主動，化腐朽為神奇。反之，如果拙口鈍辭，在交際場所、公開場合，就很容易遇到意外而變得尷尬。

第二章　人生進退，最重要的常常是運籌和思量

【賞‧品悟】

　　才貌是天生的，難以改變，口才卻可以在後天鍛鍊出來。身為名人，自然有一些過人之處，但不一定有出眾的口才。在複雜人際關係中磨礪出出眾口才的名人，可以化被動為主動，化腐朽為神奇，其魅力也就可想而知了。

不是人人都能舉重若輕

　　名人也有他的苦衷、歉疚、驕傲，也是有人情味的，他們的喜怒哀樂和舉止言行，本質上和常人一樣，也有受約束、被局限的時候，只不過他們的這些情緒和言行更引人注目罷了。

　　菲律賓鐵腕女總統柯拉蓉‧艾奎諾（Corazon Aquino）曾在一九八〇年代鎮壓了七次政變，她在接受電視臺採訪時說道：「我們和男性一樣優秀，並且對前景有更堅定的信心，但與男人相比，我們在受到考驗時，必須雙倍地證明自己的能力。」

　　柯拉蓉的丈夫被指控有腐敗和洗錢行為，她在廣播節目中說：「丈夫為自己辯護是他個人的事，他和總統家庭的其他成員都不會因為我的職位而享有免予起訴的權利。無論發生什麼，我都不會介入，我嫁給了這個國家。」

　　柬埔寨國王施亞努（Sihanouk），因兒子拉那烈（Ranariddh）在柬埔寨大選中慘敗，便在官方網站撰文對拉那烈及其政黨猛烈批評，宣告兒子的慘敗是「令人羞愧的」。也許是覺得這樣對兒子很不公平，時隔不久施亞努便寫信向兒子表達

第二章　人生進退，最重要的常常是運籌和思量

了真誠的歉意，並且刪除了網路上的文章。

史瓦辛格（Schwarzenegger）宣布參加加州州長競選時，儘管他的妻子施賴弗（Shleifer）有民主黨背景，與丈夫之間存在政治分歧，但她為史瓦辛格參加公開競選在幕後奔走，發揮了重要作用，這正是史瓦辛格為之驕傲自豪的。

日本首相小泉純一郎，得知兒子小泉孝太郎出演的首部電影上演，特地去觀看，觀賞時，他的目光忽略了許多大牌演員，始終放在兒子演的角色身上，看完影片，他興味盎然地對旁人說：「他第一次拍電影，演得很不錯。」

雖然可以像常人一樣訴苦、道歉、演繹親情，但名人也有萬般無奈，有所不能的時候。

美國總統布希（Bush）認為，自己的臂力無論如何都不敵加州州長史瓦辛格，他與媒體見面談到史瓦辛格時說：「自己絕不會與史瓦辛格比臂力，因為無論如何賣力，也無法像他那樣舉重若輕。」

五十多年前，美國人馬丁·路德·金恩（Martin Luther King, Jr）在華盛頓林肯紀念堂前發表了〈我有一個夢〉的演講，演講所設想的是沒有種族偏見的未來，以及奴隸與奴隸主的後代「同席而坐、親如手足」的場面。演講發表一年後，美國的種族隔離制被廢除。但五十多年後的今天，美國的種

> 不是人人都能舉重若輕

族分裂仍然十分明顯。

　　名人雖然有諸多的無奈，但較之常人，名人更有說服力，更有親和力，更具備打動人心、潛移默化的力量。所以，再無奈的名人，他的喜怒哀樂、舉止言行都會為常人津津樂道，並極微妙地成為影響人生行為的感性參照。

【賞‧品悟】

　　擁有權力的名人，也有自己的無奈，也有自己的喜怒哀樂。名人的無奈大多是大眾目光的約束和生命本身的局限造成的。名人不是無所不能的，只因為他是名人，哪怕是無異於常人的無奈也會成為焦點，引人注目。

第二章 人生進退,最重要的常常是運籌和思量

靈感的獲取途徑因人而異

靈感的產生是多方位的,有來自山水、人文景觀的靈感,有個人嗜好產生的靈感,有認同欣賞得到的靈感⋯⋯比如女性的美貌,常是文人獲取靈感的來源,類似「山是眉峰聚,水是眼波橫」,就得之於女人秋波流轉、顧盼生輝的雙眸;再如香氣濃郁的葡萄酒,常是畫家、詩人及音樂家靈感的棲息地,它生動曖昧的光澤,最能體現藝術家內在的信心和夢想。天才畫家梵谷(Van Gogh)就常將畫筆浸入葡萄酒中,只有這樣,他才會擺脫無形的焦慮,在繪畫創作中變得輕鬆愉快。

宋代文學家歐陽脩,據說於「枕上、馬上、廁上」時常會靈感乍現、文思泉湧。若與「三上」不挨邊,便生混沌迷茫之惑,難免會思路堵塞。可見,靈感這東西,並不是任何場景下都可以得到的,只有在某些特定的條件下,它才會翩躚而來。

日本著名撰稿人殘月,他尋找靈感的祕方,就是拜訪名人墓地。據說他共拜訪過五百多位名人的墓地,其中包括魯迅、伽利略(Galileo)、歌德(Goethe)和奧黛麗・赫本(Audrey

> 靈感的獲取途徑因人而異

Hepburn）等。青春年少時，他一再受到感情上的重創。為了逃避殘酷的現實，他在文學和音樂中尋找安慰，讀遍世界名著，聽遍世界名曲。十九歲那年，他偶然拜謁寫過《罪與罰》的俄國著名作家杜斯妥也夫斯基（Dostoyevsky）的墓地時，產生了奇特的感受：「當我站在杜斯妥也夫斯基的墓前，他的作品立即變得異常生動，似乎他在向我訴說著什麼。」這以後，他開始了全球名人墓地之旅。這種特別的舉動改變了他的人生，不僅給了他靈魂上的安慰，也為他帶來了事業上的成功。

由此看來，獲取靈感的途徑因人而異、各有千秋。可以說，靈感，是由於頑強勞動而獲得的獎賞，它得之在俄頃，積之在平日；靈感，是一個不喜歡拜訪懶惰蟲的客人。靈感，總是根植於生活的。任何人都有自己的生活，任何人都有屬於自己的靈感，若能及時把握，它就能給你一雙翱翔的翅膀，助你飛向成功的彼岸。

【賞・品悟】

人類的靈感來源於特定的情境。靈感是人人都有的，只不過有心之人尋找靈感，無心之人放棄靈感。善於把握靈感的人，總會得到相應的報償。可以說，靈感成就了他們的事業，也造就了名人。

第二章　人生進退，最重要的常常是運籌和思量

智者的樹蔭

炎炎夏日，真想學一回古人，搖著老蒲扇，袒胸露背，坐著或半躺在樹蔭下，身旁有一清流，淙淙潺潺地流過，這樣的時分，大概是可以神思物外，真正做一回屬於自己的山野田園之夢的。

楊萬里說：「泉眼無聲惜細流，樹蔭照水愛晴柔。小荷才露尖尖角，早有蜻蜓立上頭。」這樣的情景，細膩，柔曼，畫意盎然。在這首詩中，正是那最不起眼的投入水中的樹蔭，在夏日帶來了最教人心馳神往的沁人心脾的清涼。

大樹底下好乘涼。於人而言，在特定的時期，現實的樹蔭對人是一種庇蔭。「鞠躬盡瘁，死而後已」的諸葛亮，生前栽種有八百株桑樹，加上薄田十五頃。在他看來，擁有這些，「子弟衣食，自有餘饒」，就無須國家額外照顧了。諸葛亮這棵「大樹」，時刻不忘以清正廉潔的人格魅力影響和庇蔭自己的家人。

蘇軾在杭州任職期間，築起西湖長堤——蘇堤。「植芙蓉、楊柳其上，望之如圖畫」，使西湖平添了「東風二月蘇堤路，樹樹桃花間柳花」的美妙景緻。時至今日，蘇堤一直是

> 智者的樹蔭

人們樂於悠遊的去處,置身其中,領略萬千情態,教人樂而忘返的同時,總是讓人不由自主地想起蘇軾其人。

還有柳宗元,在柳州任刺史時,非常注重修整市容,種植樹木。他除了在柳江邊親手栽植了眾多柳樹,還在城西北隅種植了兩百餘株黃柑樹,正是:「手種黃柑兩百株,春來新葉遍城隅。」因為長期植樹、種樹,他對樹的生長成活瞭然於胸,成了植樹的行家。如今,柳江邊,一株株,一行行的柳樹,嫋娜娉婷,隨風起舞,青翠欲滴。

智者所以成為智者,是因為在他的思維世界裡,沒有短視,只有長遠;沒有個體,只有眾生。智者的思維一旦形成,就像成材的大樹一樣,枝繁葉茂,生機勃勃,足以廕庇大地,關照後世蒼生。

【賞・品悟】

智者的思維世界跟普通人是不一樣的,智者的人格魅力也是足以影響後世蒼生的。真正的智者,沒有短視,沒有偏見,他的眼裡心裡只有道義和眾生。智者如大樹,一旦長成,便會樹起一道關照眾生的風景。

第二章 人生進退，最重要的常常是運籌和思量

強者製造時機

處於低迷和逆境狀態下的人生，是期待出現轉機的。機遇，如茶壺之於茶杯，只有將自己放在低處，不急不躁，不斷地吸納壺中芬芳，積聚經驗和智慧，才能在機遇來到之時，好好地籌劃自己的人生。

什麼是機遇？一位行銷學教授對他的學生講了這樣一件事：泰國許多地方盛產椰子，而椰樹高達十幾公尺，且樹幹光滑沒有枝丫，採摘椰子難度非常高，每年上樹摘椰子總是發生事故。一位高中畢業的椰農設立了一個馴猴學校，主要是訓練猴子摘椰子的技術，然後把這些訓練有素的猴子賣給那些園主或者是想以出租猴子為業的農民，因為猴子摘椰子的效率比人高了三四倍。結果，他訓練的猴子供不應求。短短幾年，這位農民就成了當地首屈一指的富翁。最後教授說：「那個泰國農民如果不了解椰農摘椰子的艱辛，沒有一雙善於尋找的眼睛，機遇永遠也不會來到他的面前。」由此看來，機遇，只偏愛那些有準備的頭腦，運氣，總降臨在那些深思熟慮者的身上。

真正的智者，攫取機遇但絕不信仰機遇，因為他知道，

> 強者製造時機

　　機遇只垂青那些懂得怎樣追求它的人。一九九二年第二十五屆夏季奧運在西班牙巴塞隆納舉行，該市一家電器行老闆在賽前向巴塞隆納市民宣稱：

　　「如果西班牙運動員在本屆奧運上得到的金牌總數超過十枚，那麼顧客自六月三日到七月二十四日，凡在本店購買的電器，就都可以得到全額退款。」這個消息轟動了巴塞隆納。人們爭先恐後地到那裡購買電器，銷售量激增。才到八月四日，西班牙運動員就已經獲得了十金一銀。據估計，電器行的退款將達到一百萬美元，看來老闆是非破產不可了！可老闆卻從容不迫地說：「從九月分開始兌現退款。」「這是為什麼？他能退得起嗎？」人們心裡難免有疑問。原來老闆早做了安排。在釋出廣告之前，他先去保險公司投了專項保險。保險公司認為不可能超過十枚金牌，就接受了這個保險。這是一個旱澇保收、只賺不賠的保險。如果西班牙運動員得到的金牌總數不超過十枚，那麼電器商店顯然發了一筆大財，保險公司也無須賠償。反之，金牌總數超過了十枚，那麼電器商店要退的貨款將全部由保險公司賠償，與電器行毫無關係，電器行無疑發了更大一筆財。

　　這是睿智地利用機遇的一個例證。機遇來的時候，如果過分審慎，對時機重視不夠，就會坐失良機。許多成功人士，並不是才幹出眾的人，而是那些善於利用每一時機去

第二章　人生進退，最重要的常常是運籌和思量

發掘去開拓的人。於智者而言，機遇之門永遠是敞開的。當然，擁有機遇並不代表著成功，生而為人，假如不把主要精力放在自身的歷練上，而是把希望寄託於機遇上，不要說機遇並不是隨處可拾，即使有了，也只能眼睜睜地望著它溜走。

弱者坐待良機，強者製造時機。

【賞‧品悟】

生活中，機遇無處不在，關鍵是看你算不算得上是一個善於把握的智者。抱怨和等待只會貽誤人生，成功的人生都是在發掘和開拓中取得的。一句話，智者的機遇不是等來的，而是智者自己製造出來的。

常思己過，才會有謙讓體諒之心

日常生活中，人與人之間產生矛盾時，總是指責埋怨對方，很少反省自己；在遭遇挫折打擊時，也總是憤然慨嘆命運不公、天理何在，很難靜下心來分析自己的弱勢和缺損。人生百年，命運無常，富貴或貧窮，顯赫或卑微，超脫或沉迷，都是變數，一味地從外在找原因，而不從自身找缺失，是不足取的。

清代金纓《格言聯璧》有一聯：「靜處常思己過，閒談莫論人非。」就是告誡人們在沉靜下來時，要經常自省，以是克非，存善去惡；閒談時，不去議論別人的是非得失。韓愈也說：「古之君子，其責己也重以周，其待人也輕以約。」意思是說，在檢討自己時，要嚴格而全面；在對待他人過失時，要寬大而簡略。

秦朝末年，張良在閒暇時走過一座石橋，遇到一位白髮蒼蒼、鬍鬚長長、手持拐杖、身穿褐色衣服的老人。老人的鞋子掉到了橋下，便讓張良去幫他撿起來。張良聽老人說話的剎那，心生煩躁：你算老幾呀？敢讓我幫你撿鞋子？話沒說出來，張良就覺得自己這樣待一個年老體衰之人，是大錯

第二章　人生進退，最重要的常常是運籌和思量

特錯了，便到橋下幫他撿起了鞋子。

誰知這位老人不僅不道謝，反而大剌剌地伸出腳來說：「替我把鞋穿上！」張良心生不悅：好一個糟老頭子，我替你把鞋撿回來了，你居然讓我替你穿鞋，真是過分！然而張良是個慣於自省之人，在嘴邊的罵聲剎那就被他憋了回去。他想，怎麼可以輕易對一個老人動怒呢？替老人撿鞋穿鞋是合情合理的事啊。於是，他默不作聲，替老人穿上了鞋。

張良的恭敬謙讓，贏得了這位老人「孺子可教」的首肯。幾番考驗後，老人將《太公兵法》傳給了張良。張良得到這本奇書，日夜攻讀，終於成為滿腹韜略、智謀超群的漢代名臣。

唐太宗說：「以銅為鏡，可以正衣冠；以古為鏡，可以知興替；以人為鏡，可以明得失。」當一個人無力改變現狀，無法改變別人的時候，最重要的就是換位思考，設身處地地去認清自己的缺失，努力去改變自己，完善自己，重塑自己。事實上，時刻不忘自省，常思己過之人，是真正知道厚待自己的人。

常思己過，才會摒棄憤世嫉俗之心，撫平生命的浮躁，讓心胸豁然開朗；常思己過，才會擁有寬廣恢宏的氣度，揚長避短，擇善而行；常思己過，才會更加明瞭人與人在交往

> 常思己過，才會有謙讓體諒之心

之時，需要有一顆謙讓體諒之心。

而一個不屑「思己過」、慣於「論人非」的人，總會有閒言碎語，飛短流長。再好的英名，一旦捲入流言的鋒刃之中，沒有不變味不走調的。眾口鑠金，積毀銷骨，當流言病毒般蔓延起來，再光明的前程也會斷送。

【賞・品悟】

善於常思己過的人，一定是個善於完善自己的人，一定是個善於揚長避短的人，一定是個胸襟豁達的人。常思己過，既是厚待自己，又是重塑自己。常思己過，可以拓展生命空間，讓脆弱的生命變得有力量，有彈性。

第二章　人生進退，最重要的常常是運籌和思量

第三章
只管前行，
不要問明天還剩下多少行程

生而為人，並非每一樣心愛的東西都是可以長久擁有。
塵世之間，很多事和物是誘人的，也是無常的，
我們絕不可因為執著貪愛而難割捨。
事實上，美好的事物只有置於心中，
才會天長地久，才會永不止息地散發塵世芬芳。

第三章　只管前行，不要問明天還剩下多少行程

不放大自己的痛苦

　　一位公關名家談到建立良好人際關係時，舉例說：無論多麼漂亮的小姐，如果美容師以五百倍的放大鏡看她美麗的臉龐，看到的一定是坑坑窪窪、凹凸不平的臉，使人大失所望。而當我們遠望青山，入目的盡是如畫的風景，迷人的山色，令人心曠神怡。

　　也就是說，如果拿著放大鏡看人和事，看到的短處可能就要多一些。如果站遠點，欣賞到的可能就是值得稱道的一面。

　　記得幾年前的一個春天，公司部門一行人因公外出，一路北上，途經好幾座城市。感覺中，這些城市大都建造得美輪美奐，各具特色，相比較而言，我們所住的小鎮，其建造狀況就不盡如人意了。去的時候，我們作為遊客，自然而然地看到的是他鄉較之小鎮更為美好的一面。這時，我們看自己的城市用的是放大鏡，看別人的城市用的自然是肉眼。在回來的路上，我們發現，北方的山帶著明顯的寒意，大多是光禿禿的；水呢，用一個「瘦」字描述再恰當不過了，絕對沒有我們小鎮的清澈，山上難見一片蔥郁，平野難尋一抹青

> 不放大自己的痛苦

綠。越往南走，綠意就越明顯了，有了綠色，山水田園就顯得分外有活力，有詩意。這時，就有人說，小鎮除了經濟實力不盡如人意外，山清水秀，少有汙染，還真是個好地方，是個適宜居住的所在呢。因為身在異鄉，有了比較，我們開始遠望自己的家鄉了。

前些日子，有一位編輯朋友來到我所在的小鎮，一見面她就說，這個地方真好，雖然不大，高樓不多，但環境賞心悅目，依山傍水，走一兩公里就可以品味登山之樂，兩三公里外就有垂釣的僻靜去處，而且空氣清新，能夠在這裡居住真是一種福分。她難得來一趟，有朋友的熱情接待，有欣賞的心態，自然有諸多的溢美之詞了。

世界上有很多事物，有的需要適當地放大，有的需要盡可能地縮小。放大幸福，你的心靈就會被幸福包圍；放大痛苦，你的人生就可能被不幸吞食。有人問一位盲人：「你什麼都看不到，這麼活著覺得痛苦嗎？」盲人回答：「我痛苦什麼？和聾人比，我能聽見聲音；和下肢癱瘓者比，我能行走；和啞巴相比，我能說話。我之所以活得快樂，是因為我學會了放大美好、放大幸福。如果拿自己的地位跟美國總統比，拿自己的金錢和比爾蓋茲（Bill Gates）相比，拿自己的容貌跟楊貴妃比，這世界上百分之九十九的人不都痛不欲生嗎？」

第三章　只管前行，不要問明天還剩下多少行程

　　由此看來，美與不美，好與不好，幸與不幸，其實都和個人的心態、個人的感覺有關，就看在人生旅途上，你什麼時候拿出放大鏡，什麼時候放下它。

【賞・品悟】

　　日常生活中，我們總在提倡「換位思考」，但有幾人做到了？人生的苦樂，有的需要適當地放大，有的需要盡可能地縮小。「換鏡看人生」其實就是「換心態看人生」，一樣的人生，不同的心態，其結果常常是不同的。

拋棄捆綁心靈的觀念

「好馬不吃回頭草」,本意是說良驥走出馬廄奔向寬闊無垠的草原,瞥見鮮美可口的嫩草後,沿著選定的路線一直吃下去,不是東啃一嘴,西吃一口,丟三落四地再回頭補吃遺漏的嫩草。這種吃草法,體現著良驥身上優秀的特質。然而,現實生活中,人們所理解的「好馬不吃回頭草」,就是遭受再大的挫折,也絕不走回頭路。如果遇事一味這樣,勢必會失去生命的彈性。設想一下,一匹精良的馬從草原上走過,眼前全是綠油油的青草,牠邊走邊吃,且行且遠,草也越來越少,再往前,就是沙漠了。只要回頭,牠還可以吃到美味的青草,但牠心中擱著「好馬不吃回頭草」的理念,不管不顧地一直走下去,最終,只能在飢餓的折磨下,倒在沙漠中。

由這句話,忽然就想起了這麼一個故事:一片麥田旁,三個人被告知要在不走回頭路的情況下選擇一棵麥穗,看誰選的最大。第一個人剛下麥田,就興沖沖地選擇了一棵看起來還算夠大的麥穗;第二個人下田後,走走看看,了解麥子的生長狀況,走了大半程後,他選擇了一棵感覺中最大的麥

第三章　只管前行，不要問明天還剩下多少行程

穗；第三個人深信「最好的進球是下一個」的名言，在麥田裡一直走下去，總覺得前面還有更大的麥穗，結果一直走到了麥田的邊上，因為不能回頭，只得隨意摘了一棵麥穗。在人生面臨選擇時，如果一味要做「不吃回頭草」的「好馬」，很多情況下，就會錯失「最大的麥穗」。

「好馬不吃回頭草」，雖然在某種程度上體現了一個人的境界和風骨，但有時，也是意氣用事的一種表現。當人生陷入困境時，就必須面對現實，避免意氣用事。如果前方的路一時行不通，如果回頭有草，為什麼要硬著頭皮不回頭呢？現實生活中有很多人，因為中了「好馬不吃回頭草」的計，原本可以成為有所作為的「好馬」的，但因為這句話，最終成了沒作為的「好馬」。人的一生，除了時間一去不回，其實有許多事還是可以「回頭」的。所以說，真正的「好馬」，在適當的時候，要學會拋棄那些捆綁心靈的觀念，選擇「回頭吃草」。

【賞・品悟】

人，往往容易被觀念捆綁。一旦被觀念捆綁，手腳難以伸展，視野難以拓展，如此一來，難免陷入困獸猶鬥的境地。要擺脫困境，在許可的情況下，走些回頭路，「回頭吃草」，不失為一種明智的選擇。

別讓兼聽動搖你的初心

　　漢代王符《潛夫論·明暗》有云:「君之所以明者,兼聽也;其所以暗者,偏信也。」意思是說,多方面聽取意見才能辨明是非得失;只聽一方面的意見,就信以為真,往往會做出錯誤的判斷。

　　「兼聽則明,偏信則闇。」乍一聽,似乎很有道理,但世事紛繁複雜,任何事的發生緣起都有無數理由和意見以供選擇,如果一味追求全面,到處徵求意見,往往會處於被動,以致無所適從。劉備三顧茅廬,關、張多有異議,但劉備並未兼聽,而是偏信孔明,結果三分天下終有其一。岳飛進宮,趙構扶其肩而寵之,偏愛有加,誰曾想趙構兼聽秦檜讒言,終折大將,以致宋師連年受挫。

　　日常生活中,兼聽未必明的事不勝列舉。有一次,我在家上網,電腦忽然就斷線了,我想是線鬆動了或網路卡沒插好,於是將線檢查了一遍,拆開機箱重新插了網路卡,然而網路依然連不上,我請人過來,他說重灌系統試試,重灌系統了,還是不行,難道是電腦中病毒了?第二天又請一名同

第三章　只管前行，不要問明天還剩下多少行程

事過來幫我看看，他操作了一番，肯定地說，中了非常厲害的病毒。如此這般幾個來回，各種方法都試了，還是不能上網。只好請來電腦公司的專業人員，結果，三兩下，恢復正常，原因還是──網路卡鬆了。由此看來，遇事若不能專心一致，而是左顧右盼，優柔寡斷，或是有病亂投醫，往往會偏離正常的生活軌道。

亞里斯多德（Aristotle）說：「吾愛吾師，吾更愛真理。」書籍是人類進步的階梯，不僅僅因為它所攜帶的資訊，更因為我們整個社會的真知灼見基本上透過它得以傳播。事實上，人們口耳相傳的東西也會因時代局限而出現錯位、缺失甚至謬誤。這時，一個人要真正摒棄那些已經根植於大眾頭腦裡的東西，宣布新的發現並不顧一切地去維護它、證明它，是要踰越許多阻礙、付出無法估量的代價的，比如羅馬廣場上被焚燒的布魯諾（Bruno），就是真知灼見難以為大眾接受而釀成的一場悲劇。

由此看來，兼聽未必明。就像一個人有一支手錶，時間的概念可以很明確，但是如果面對兩支或兩支以上的鐘錶，反而容易產生疑惑、動搖對準確時間的信心一樣。

別讓兼聽動搖你的初心

【賞・品悟】

「兼聽則明」與「兼聽未必明」原本是對立統一的。它符合「一分為二」地看問題的辯證法則。「一分為二」讓我們明白，事和理，都沒有絕對。好事，在一定條件下可以變壞；壞事，在一定條件下可以變好。「禍兮福所倚，福兮禍所伏」，揭示的也是這樣一個道理。

第三章　只管前行,不要問明天還剩下多少行程

不可活在虛幻映像中

　　遮罩是一種物理現象,遮罩的奇妙曾讓人夢想找到一種可以遮罩重力場的材料,可以在無須離開大氣層的情況下,輕而易舉體會失重帶來的快感。

　　遮罩在生活中非常實用,卻也帶來了一些困擾。在絕大多數城市,廣告的普及已具有某種侵略性,在利益的驅動下,它們肆無忌憚地霸占著城市的公共空間,將一切大眾視覺占為己有。從視覺上阻礙了民眾對建築和街道的審美。當建築的臉被那些與主題不相干的廣告牌遮罩時,民眾眼裡看到的不是建築,只是建築的高度。毫不誇張地說,如今,包括建築、雕塑、綠化甚至一無所有的天空在內的一切城市空間,正日復一日在廣告的陰影裡,一點一滴地消散所具有的審美意味。

　　每個人潛意識中都有一個遮罩體系——資訊過濾系統,這個系統的形成由人的遺傳、生活環境、學習以及生活經驗決定。它篩選著進入人的大腦的外界訊息,允許符合這個系統要求的資訊進入,同時排斥不符合要求的資訊。正是這個原因,人類在認知上才會出現差異,才會產生偏見、成見及各式各樣的煩惱。這個系統的存在也使人避免了許多危險,

不可活在虛幻映像中

它對宇宙中不利於人類生存的各種磁場也產生遮罩作用。

矇蔽則摻和著捉弄或惡意的因素。有個笑話，一個人抓了一隻跳蚤在手上，他向跳蚤大叫「跳」，跳蚤跳走了；他又抓一隻跳蚤，把腿折斷以後放在手上，然後同樣對跳蚤喊「跳」，跳蚤當然不跳了。於是他得出結論：這個跳蚤是個聾子。在場的人還真以為這個跳蚤是聾子。現實生活中這樣的情形不在少數，因為我們注重的是表面，並且常常被這些表面矇蔽。

生活中，矇蔽是一個惡性腫瘤，難以根絕。商家矇蔽顧客，常常只需換一下包裝；野心家矇蔽眾生，常常帶著一副偽善的面孔；陰謀家矇蔽良心，常常布設一些歌舞昇平的場景……就連現代傳媒，也有相當一部分是人為製造的虛幻映像，這種虛幻映像矇蔽了現實存在的真實性，使人產生錯覺，並且在錯覺中失去信念，失去理想，失卻鬥志，讓一個原本充滿活力和張力的生命出現意想不到的畸變。

【賞‧品悟】

我們所處的年代可以是一個被遮罩的年代，但絕不可以是一個被矇蔽的年代，遮罩是一種物理現象，它利弊參半。而矇蔽卻是生活中的惡性腫瘤，它可以讓人失去信念，失去鬥志，最終失去擁有的一切。

第三章　只管前行,不要問明天還剩下多少行程

善小而為

很多細小的事情,平常我們並沒有意識到它有多大利害,一旦爆發成危機,才知道它的重要性。比如如廁後不洗手,這應該是一件小事吧,但常識告訴我們,人與人之間接觸,最有可能透過手將病菌傳染給別人。即使如此,依然有百分之四十的男性和百分之二十的女性便後不洗手。二〇〇三年全世界爆發了一場驚心動魄的疫情,資料顯示,疫情嚴重的地區,有百分之九十五的男性和百分之九十七的女性開始養成了便後洗手的習慣。

小而不為、走走看看、日後再說常常讓人追悔莫及。網路上有這樣一則笑話:一個眼高手低之人,習慣於事事只看眼前。有一天他不知從哪裡拿到一本「葵花寶典」,迫不及待翻到第一頁,上書八個大字「欲練神功,必先自宮」,為了拓展武術事業,他沒有接著翻第二頁,便動手將自己「咔嚓」了;等翻到第二頁,見到的八個字卻是「若不自宮,也能成功」;慌忙看第三頁,不看則已,一看,他只有吐血倒地的份了。原來第三頁上有這樣幾個字:「就算自宮,未必成功。」有一句話說:「魔鬼存在於細節之中」,因為懶得翻開「寶典」

善小而為

的第二頁，這個眼高手低之人一不小心就將自己變成了廢人。這雖然是一則笑話，卻從小處給予人啟迪。

　　善小而為常常可以帶來意想不到的效果。一家餐廳在夏天來臨的時候，因天氣炎熱，廁所氣味難聞，餐廳老闆看在眼裡，放在心裡，每天安排員工在廁所放些冰塊，化解那些「騰騰」的氣味。這樣一來，顧客覺得餐廳老闆肯為自己著想，一傳十，十傳百，便有很多顧客光顧這家餐廳，一時間，餐廳的生意空前興隆。

　　善小而為是高水準的顯著代表。一次性的塑膠杯，是普通得不能再普通的用品，用一次作廢似乎是天經地義的，可有人似乎就顯得特「吝嗇」。有一次，到某校進行學術交流的馬克教授從小車上下來，手裡還帶著剛使用過的一次性塑膠杯，杯裡甚至留著被浸泡過的茶葉和剩餘的茶水。學術交流完畢，馬克先生又帶上了那個一次性塑膠杯。當旁人笑問緣由時，馬克先生說，一是為了節約，能用就繼續用；二是為了環保，不亂扔「塑膠垃圾」。馬克先生的綠色環保意識和高度的社會責任感由此可略見一斑。

　　可以說，善小而為孕育著大智慧。應該說，現代人比以往任何時候都懂得「勿以惡小而為之，勿以善小而不為」的含義，都知道該從身邊的點點滴滴做起，比如不亂扔垃圾、植

第三章 只管前行，不要問明天還剩下多少行程

一棵樹、參加一次公益勞動、放生一群被捉的青蛙……這樣的事情都是「善小」之事，但只有人人養成善小而為的習慣，人與人之間、人與自然之間才會和諧互動，社會發展才會有光明燦爛的美好前景。

【賞・品悟】

善小而為是一個人高水準的顯著象徵，是良好社會風氣的集中體現。善小而為讓人與人之間的關係更加和諧，讓我們所處的世界更加美好。善小而不為，年深日久，缺失和劣勢就會不斷地被放大，最終導致的，常常是不堪設想的後果。

推開內心的圍牆才有良性互動

　　某考察團到美國考察，輾轉了許多地方，如夏威夷、拉斯維加斯、洛杉磯、紐約、費城等地，都沒有發現圍牆。甚至在政府首長機關要地，也是只見樓房，不見圍牆。因為沒有圍牆，所以一方面增加了城市的通透性，另一方面提高了綠地和道路的使用率，使城市變得更為通暢美麗。

　　有人說，圍牆可以達到圈定地界、維護安定的作用。這樣說，只是片面看到了圍牆的「好處」，才有了圍牆情結。殊不知，圍牆除了枉占地皮，耗費財力、人力、物力之外，還會造成許多生活上的不便。記得某媒體報導過這樣一件事：某大院內的一戶人家，小孩半夜突然生病，情況很危急，醫院本來近在咫尺，一眼就看得見，卻因為圍牆的存在，家長只好抱著小孩，走出大門，繞牆幾十分鐘才到醫院，結果差點誤了小孩性命。由此看來，圍牆的存在，除了導致一些人心理上豎了一道屏障外，並不能帶來多少好處。

　　也有「有心」之人，推開了圍牆，以可以產生經濟效益的門市取而代之。這樣做，看似為生活帶來了一定的方便，但屏障依舊，尤為不堪的是，原有的衛生環境和生態環境隨

第三章　只管前行，不要問明天還剩下多少行程

之遭到了破壞。所以，要真正推開圍牆，就要在推倒圍牆之後，做到以生態效益為重，栽樹鋪綠，種花養草，拓展道路，實實在在優化生態環境和生活環境。

廢除圍牆，造綠化帶，這在西方許多先進國家都做到了。因為沒有圍牆，不少居民別墅選擇建在林間、山上、水邊，與大自然融為一體。人們不但沒有因缺少圍牆而感到不安全，反而覺得四通八達，開闊疏朗。然而，在我們的生活中，圍牆依然無處不在，有看得見的，也有看不見的。看得見的圍牆有必需的，比如監獄的圍牆，動物的圈牆等。也有完全不必要的，比如，城市各公司之間、各樓群之間的圍牆。可以想像，拆除了這些圍牆，美化這些地方，城市一定會是另一種情致，另一番景象，一定會更加通達、透明、亮麗。

藉助國外的成功機制，推開外在的圍牆，好處顯而易見。其實，在人與人之間，因為缺少理解、產生懷疑、看不起他人、自私和劣根性的存在，常常導致心與心之間豎起圍牆。生而為人，最可怕的就是全世界把圍牆都開啟了，自己還在一意孤行地建造禁錮靈魂的看不見的圍牆。

所以，除了外在的圍牆，還有內心的圍牆。要推開內心的圍牆，最重要的，是加強心與心的溝通，和他人達成心靈的共識與和諧。只有這樣，社會才能不斷地走向和諧美好。

推開內心的圍牆才有良性互動

【賞‧品悟】

　　為了界定,為了安全的需求,才有了圍牆。對於一個和諧社會而言,拆除圍牆,會讓環境變得更加美好,視野變得更為通透。關鍵是,外在的圍牆好拆,內心的圍牆難除,人與人之間,如果有太多的設防,達成心靈的共識也就是一句空話了。

第三章　只管前行，不要問明天還剩下多少行程

我聽見了陽光的聲音

　　這是春天的正午，我拖著有些疲憊的身心，坐在床上，瞇著雙眼，將灑進視窗的陽光關在了眼簾之外，卻無法將陽光關在聽覺之外。我的思想是開啟的，我的聽覺是開啟的，這時，我的聽覺神經益發敏銳而柔軟。我聽見親情般的陽光灑在陽臺上，它的聲音糅合在母親和妻子近距離的、燕子呢喃般的交談中，暖暖地在她們之間循環迴轉。

　　兒子坐在陽臺的另一端，放磁帶，聽英語。他是個十足的陽光男孩，少有憂愁，也許他還真的不太明白憂愁是一樣什麼東西，他就像春日的陽光一樣透澈明亮。在他那裡，陽光的聲音像磁帶裡放出來的英語單字一樣，純粹、明瞭，有著抑揚頓挫般的響亮。我想，他心裡是裝滿陽光的，雖然，他對陽光的概念並不是那麼清晰。

　　想起了自己的小時候，有一天，勞動的間隙，和母親坐在地頭。隱隱約約間，我聽到有一種「嗶嗶剝剝」炸響的聲音，教科書曾告訴我，莊稼拔節會發出輕微的聲音，但我不敢肯定這就是莊稼的拔節聲，便問母親：「那是什麼聲音啊？」母親這個時候正因什麼而出神，聽到我的問話後，毫

> 我聽見了陽光的聲音

無疑義地說:「孩子,你聽不出來嗎?那是陽光的聲音啊!」那一刻,我望著母親,很迷惑,弄不清母親為什麼會說它是陽光的聲音。

有這麼一句話:「有很多聲音,是動聽的,我們沒有聽見,是因為我們的耳朵睡了。」那時,我沒有聽見陽光的聲音,不是我的耳朵睡了,而是我的耳朵根本就沒有醒過來。母親呢,那個時候,她的耳朵醒著,她之所以那樣出神,是因為她在傾聽陽光的聲音啊!直到現在,我才徹底明白過來。

在窗外高聳的水杉樹上,陽光的聲音透過細密的層層疊疊的葉片潺潺有聲地向下滲透,綿延而滋潤,持續了不知多少年,才長成了今天窗外高聳的風景。我想,它也曾是拔節過的,只是我無緣聽見。它也是一分一毫地才長成今天這個樣子的,可對我來說這是個永遠的謎。我來的時候,它是這個樣子。我來了許多年,和它對視了許多年,它還是這個樣子。我只感到陽光在我身邊的時候,總是疾馳而去;相對而言,在有些蒼勁的水杉樹那,陽光的步履就從容了許多。

我皮膚上的斑點,額上的皺紋,頭上不斷增加的白髮,偶爾會讓我感到陽光的聲音帶著風的呼嘯,霜的尖銳,但我自始至終對陽光是感恩的,因為有了陽光,有了它綿延不絕的聲音,這個世界才變得多姿而且燦爛。

第三章　只管前行，不要問明天還剩下多少行程

　　傳說有一種鳥，銜來一縷陽光，世界才有了聲音，我相信。如果你聽得見陽光的聲音，一定是你心靈的鳥兒醒著，陽光的聲音才會片刻不停地在你生命的河流裡明媚蕩漾；如果你聽不見陽光的聲音，一定是你的耳朵睡了，陽光的聲音無法抵達你的心靈。如果是這樣，你當下要做的最重要的事情，就是叫醒自己的耳朵。否則，你有什麼理由對這個世界心懷抱怨呢？

　　我想，為物欲所累、為名利牽絆的人，是聽不見陽光的聲音的。能聽見陽光的聲音的人，他的心靈一定還有一方聖潔的淨土，不曾被世俗的塵埃侵擾，不曾被名利的聲浪掩埋。

【賞・品悟】

　　陽光是有聲音的，單純的，金屬相扣一般的。生活原來如此明媚，卻與我們睽別已久。好在還有時間，我們可以把腳步放慢一些，再放慢一些，傾聽陽光的聲音，傾聽生命的律動。

　　如果你聽不見陽光的聲音，說明你的耳朵睡著了，或是被物欲和名利的聲浪堵塞了；如果你聽得見陽光的聲音，說明你心靈的鳥兒還醒著，你的內心深處，還有一方淨土。

找準最適合自己的位置

　　我有一位長我幾歲的朋友，總有一些奇奇怪怪的想法。小時候，他在田埂上操作過水力永動機，在炎熱的夏天用錫箔製作過光反射太陽帽……

　　我上國中時，只有小學程度的他，轉到我們班補習功課，憑著刻苦努力和先天的悟性，他在畢業後，成為了一名物理教師。但他是個不安分的人，有許多新奇的想法，從教期間，總想著要做些別的什麼。幾年時間裡，他相繼發明了吸管杯、感應燈等，並申報了幾項專利。當然，由於沒有條件投入生產，這些專利很難替他帶來直接的經濟效益。

　　在哪裡他都不安分，這段期間，他發覺當教師並不適合他，也因為他的不安分，在旁人眼裡，他聰明、能幹、善於創新，只要是熟悉的人一見面都回饋給他這樣的訊息。這種讚賞的氛圍，對他當然是一種潛在的激勵。年深日久，他越發有了不甘平庸的念頭，成了一個名副其實敢想、敢幹、敢闖的人。

　　終於有一天，他辭去了可以安身立命的工作，外出闖蕩，將自己置身於動盪和不安逸中。他是個生活的有心人，在工作賺錢的同時，沒有忘記了解各種產品在各個地方的市場行情。

第三章　只管前行，不要問明天還剩下多少行程

幾年的工作生涯，為他日後的發展奠定了堅實的基礎。

憑著對市場的了解和與生俱來的敏銳感覺，在他認為時機成熟的時候，迅速回到故鄉，利用當地豐富的特產資源，開發了香甜鬆脆的「小麻花」系列產品。藉助走南闖北建立起來的良好的人際關係，很快打開了市場，建立了完善的銷售網路，短時間內就贏得了可觀的利潤。隨著企業實力的壯大，他乘勢而上，很快將銷售市場延伸到了國外。在人們還有些驚疑的目光中，他已將自己打造成了千萬富翁。

他的成功源於什麼？毋庸置疑，這其中的原因有知識的沉積，有經歷的豐富，有創業的理念，有打拚的膽量。但最重要的一點是，在千變萬化的人生旅途中，他不因循守舊，勇於放棄，在不斷的摸索實踐中，找準了能夠發揮自身優勢、實現自我價值的最適合自己的位置。

【賞‧品悟】

是人，都有弱項和強項，都有「不安分」的時候。一個人，要想在事業上取得成功，光有想法是不夠的，還得付諸行動。行動不是盲動，更不是一意孤行，還得勇於放棄，善於放棄，找準能夠發揮自身優勢、實現自我價值的最適合自己的位置。

在心田種上蘭花

「天意憐幽草」中的幽草,指的就是蘭花。蘭花,是自然之精靈,深山幽谷之中的蘭花,清香淡雅,沁人肺腑,不以境寂而色遜,不因谷空而貌衰,堪稱「空谷佳人」。

蘭花開放,不為世俗,不為浮華,只為幽香。一朵花的盛開,是安詳而快樂的,更是寂寞而精采的。自然之蘭,沒有鮮豔招搖的色澤,唯有幽香,表達著不求聞達、獨守高雅的精神。

以蘭入畫,寄託的是幽芳高潔的情操。「揚州八怪」之一鄭板橋,注重師法自然,他嗜好畫「亂如蓬」的山中野蘭,曾自種蘭花數十盆,常在三春之後將其移植到野石山陰之處,使其於來年發箭成長,便於觀其挺然直上之狀,聞其濃郁純正之香。清代畫家李方膺畫蘭,以焦墨寫蘭葉,幾叢幽蘭,花葉紛披,糾纏錯結,粗獷不羈之氣充溢畫面。現代著名畫家潘天壽畫蘭,以骨氣、骨力取勝,追求雄強、豪壯、氣勢、剛陽,滲透著時代氣息。

文章寫得好,被稱為蘭章;朋友以心相交,被稱為蘭友。蘭花,是塵世之間美好事物的象徵。「秋蘭兮青青,綠葉兮

第三章　只管前行，不要問明天還剩下多少行程

紫莖，滿堂兮美人。」屈原用傳神的文字讚美蘭花，讓人領略了蘭的美麗。「蘭溪春盡碧泱泱，映水蘭花雨發香。」杜牧筆下，清冽的蘭溪河水與河邊的蘭花相映，散發出特有的幽香，細雨霏霏，朦朧淡雅。「谷深不見蘭生處，追逐微風偶得之。」蘇轍的詩句，意境深幽，頗蘊禪機。

　　古稀之年的父親，在老家屋後辟了一方花圃，種上了蘭花。花圃裡的蘭花，都是從深山林壑尋覓所得。等到白的花、黃的花開了，圓潤柔和、賞心悅目的花瓣，飄在一簇簇綠如翡翠的葉片上，花圃裡就有清幽的香氣飄起來，飄得房前屋後香氣滿滿的，飄得人心馥郁。

　　正是蘭花開放時節，我回鄉下老家探望。進門後來到屋後花圃，見父親正低頭在那伺候他心愛的花草。我走到花架前，上面擺了幾盆形態各異的蘭花。懷著難得的好心情，我用手去觸碰油綠的葉片和美麗的花蕊，我甚至試探著去翻開黑黑的花土，想看蘭花的根鬚長得什麼樣子。然而，一不小心，花架被我絆倒了，整架大大小小的蘭盆在剎那之間嘩啦啦掉下來摔得粉碎。

　　父親聽見聲響，走了過來。看見碎了一地的花盆和蘭花，心痛顯而易見。但他見我不安的樣子，反而安慰說：「碎了就碎了，不必難過。我好種蘭花，是因為它的幽香。你碰

倒了它,也是因為它的幽香。真心愛它的話,將它種在心上才是最重要的。」

是啊,生而為人,並非每一樣心愛的東西都是可以長久擁有。塵世之間,很多事和物是誘人的,也是無常的,我們絕不可因為執著貪愛而難割捨。事實上,美好的事物只有置於心中,才會天長地久,才會永不止息地散發塵世芬芳。

【賞·品悟】

蘭花是美好的,它的幽香更是難以讓人釋懷。正因為這樣,它越發讓人喜愛。

生活中,很多美好的東西,一不小心就失去了,我們不能因為它們的美好而難以割捨,甚至亂了生活的方寸。我們理應將美好的事物置於心頭,讓它們在心頭營造縷縷芳香。

第三章　只管前行，不要問明天還剩下多少行程

畫幸福的畫家

有一位藝術大師身處逆境時，絲毫未改變自己的藝術理想，他寧肯忍受冷落和寂寞，也不放棄對美、對形式的追求。在他的眼裡，繪畫藝術是「來自生活，來自寫生後的藝術創造」。因此，數十個寒暑春秋，他揹著沉重的畫具上山下海，為了畫畫，他甚至住工棚、破廟，啃乾饅頭，喝涼水，數十年風雨兼程，在半個多世紀的藝術生涯中，他致力於將繪畫藝術推向世界，以「要藝術不要命」的人生狀態從事藝術創作，正因為這樣，才有了他多彩多姿的、獨特的藝術世界。

他早期的繪畫作品，詩意盎然，著力於平面分割、橫與直、黑與白的對比，點、線、面的搭配臻於完美，有著典型的東方韻味。後來他的畫風由細膩變得粗獷，大墨塊、粗線條，自成意境。儘管如此，追求點、線、面的和諧結合這一點，他始終沒有動搖過。他說：「我畫的點和線，每一筆都包括了體面的結構關係，不管是大點小點、長線短線，在運用上是嚴格的，都不是隨便亂擺上去的，有時一點不能多也不能少，點子多了對畫面無補，我都想辦法將它遮掉。對線的長短也是如此，都不是隨便畫上去的，要恰到好處。」

畫幸福的畫家

　　他的畫風嚴謹，但他一直認為，藝術是探索情感奧祕的載體。所以，在他的筆下，每一幅畫都包含著值得慢慢咀嚼品味的情感成分。他的作品中，有很多同一題材、同一構圖，卻以水墨和油彩兩種形式畫成的兩幅作品，他總是這樣以對比、移植的方式，不斷地豐富兩種工具材料、兩種繪畫形式的表現力。因為他不懈耕耘於油彩、水墨兩方園圃，才走出了一條不受傳統形式拘束的，融會中西繪畫藝術的道路。

　　有人說他是「畫幸福的畫家」，是因為他在畫中所表現出來的一切是那樣和諧美好。事實上，他一生所經歷的絕不只是幸福，但一切的幸和不幸都真切實在地激勵過他，讓他胸懷希望和熱情。正是因為他善於剔除生命中的痛苦和不快，不間斷地尋找幸福、放大幸福，他藝術生命中蘊藏的幸福才顯得那樣豐厚，那樣不同凡響。

【賞‧品悟】

　　將一生所愛賦予幸福的蘊意，這是一種正向、樂觀、向上的人生態度。一個人，一旦擁有了這樣一種態度，一定會有獨特的作為。就算終有一天會隨流光老去，其人生印痕也一定會光彩熠熠、耐人尋味。

第三章　只管前行，不要問明天還剩下多少行程

將自己置身於陌生境地

　　幾個酷愛演唱藝術的年輕人，組成了一個合唱團體，一開始，他們那無伴奏的和聲演唱就別開生面，贏得了非同尋常的肯定。一路走來，他們的努力沒有白費，屢屢在歌唱節目與音樂節獲得獎項殊榮。

　　然而，他們並不滿足於這些，而是採取各式各樣的方式提升自己的實力。在參加歌唱比賽前的近一年時間裡，他們每天相約來到人流如潮、絡繹不絕的街頭，一字排開，面對眾多來往的陌生人，就像在演唱會上一樣，放開歌喉，將所有會唱的歌曲一首接一首地唱下去。每一次演唱，他們都是那麼認真，沒有一絲一毫隨心隨意的成分，深情、投入。這樣一種情形下，他們有過壓力，有過委屈，有過傷心，有過痛苦，但都頑強地堅持下來了。這種將自己置身於陌生境地的辦法，並不是他們的獨創，但作為一個團體，在將近一年的時間裡，每天抽出一些時間這樣做，卻是開了先例。從中，他們找到了屬於自己的豐富表情、收放自如的肢體語言和對多種樂器的模仿能力。就這樣，在任何場合，當他們演

> 將自己置身於陌生境地

唱起來時，目光中透現出的一定是自信和堅毅。

他們的演唱現代、時尚、動感，男女聲合唱別有韻味；他們的音樂吸收了藍調、R&B等音樂風格，技巧高超；摹唱、樂器、聲部的融合，給人耳目一新的感覺。在演唱中，有多達數十種的樂器模仿：牛鈴、吉他、小號、長號、砂槌、喇叭、鼓⋯⋯他們默契搭配，節奏鮮明，旋律中還融合了少數民族風情以及西方音樂元素，他們展現了較高的音樂專業水準。可以說，扎實的唱功、多變的音樂風格、默契和諧的配合、完美的臨場發揮是他們成功的不二法門。

這個組合團體最終逆流而上，一路過關斬將，以讓人折服的實力捧走了金獎。

他們以模擬多種樂器的方式，唱出了世界上最美麗的聲音。他們的成功，一方面贏在技術、贏在節奏、贏在曲目的選擇，另一方面贏在平日的準備上，贏在將自己置身於陌生境地的訓練方式上，正因為這樣，才打造了他們良好的心理素養。有了良好的心理素養作鋪陳，在臨場演唱時，他們配合起來才會天衣無縫，才會在自信的目光、協調的動作、完美的和聲中，演唱出最曼妙、最漂亮的音樂。

第三章　只管前行,不要問明天還剩下多少行程

【賞‧品悟】

　　人生的成就,不是在安逸的狀態下可以取得的。要想獲取成功,就必須自我加壓,將自己置於不安逸的狀態。時常將自己置身於陌生境地,無疑是去除內心怯懦,藉以提高自身實力的絕妙訓練方式。

打破常規,步向成功的不二法門

　　把幾隻蜜蜂和幾隻蒼蠅裝進一個無色透明玻璃瓶中,然後將瓶子平放,讓瓶底朝著光亮的地方,便會看到,蜜蜂不停地在瓶底上找出口,直到力竭倒斃為止;而蒼蠅則會在不到兩分鐘的時間內,穿過另一端的瓶頸安然逃逸。事實上,正是由於蜜蜂對光亮的敏感,以為出口在有光亮的地方,才導致了它的消殞。而蒼蠅對光亮並不敏感,才會不囿於常規,發現出口。蜜蜂之所以飛不出瓶子,就是因為太遵循常規。同樣,人的一生如果總是死守常規,便會因此失去許多機會。

　　傳說,清代文學家黃廷煜有一天出遊,恰巧撞見一家名號「太乙堂」的老藥鋪重金請人題店名。幾個書生因客套在那裡你推我讓。黃廷煜見了,說:「先生們既然這般謙讓,那我就不客氣了。」那些書生見眼前的老者穿著隨意,毫不起眼,完全不知恭謙禮讓,便有心看他的笑話。藥店老闆是個有見識的人,見黃廷煜雖然穿著不佳,但仙風道骨,氣度不凡,便含笑讓到了一邊。只見黃廷煜飛身躍上七尺高的鷹架,大筆一揮寫了「大乙堂」三個字。老闆一看哈哈大笑:

第三章　只管前行，不要問明天還剩下多少行程

「先生才高八斗，這字頗具顏筋柳骨之風。」當即令人拆了鷹架，設宴答謝黃廷煜。那班書生見字型筆力遒勁，也一個個暗自佩服。看了一陣，其中有一人說：「老先生，太字少了一點吧！」店老闆一看，忙說：「找張梯子來，讓先生補一筆。」哪知黃廷煜怡然一笑，取過一張硬弓，將筆搭在弓上，信手拉弦將筆「嗖」地射了出去。不偏不倚正好射中，「大乙堂」變成了「太乙堂」。就這樣，不重客套的黃廷煜，寫字也鬧了個出人意料，成就了「箭筆改字」的佳話。

還有一次，黃廷煜在武昌遇到兩個人，一個叫石文鬥，一個叫潘丹月。他們因幫窮人打官司弄得身無分文。黃廷煜認為他們是好人，便替他們出了個主意，讓石文鬥賣黃鶴樓，讓潘丹月買黃鶴樓，賣價千兩銀子。還吩咐他們在寫契約時，在黃鶴樓的「鶴」字上做點文章。隨後，找到一名仗義的富商借了三十兩銀子，拿著契約到江夏官衙去完稅蓋印。掌管契稅的官員接過契約一看，上面寫著：「立賣黃鳥樓字，石文鬥因經濟拮据，闔家情願將黃鳥樓賣給潘丹月名下，永遠營業，外人不得干涉……」契稅官以為賣的是一家鳥類經營的店樓，便收了稅銀，在賣契上蓋了鮮紅的大印。第二天，二人來到黃鶴樓收租錢，遊人說：「黃鶴樓是公共場所，什麼時候成了你們的私人財產？」潘丹月拿出契約，說：「官府都承認是私人財產，買主當然可以收租錢。」這件事被

> 打破常規，步向成功的不二法門

江夏縣令知道了，將潘丹月傳了去，一看契約，還真的是黃鶴樓。再找來管契稅的官員，一對質，知道契約上的紅印章也是真的。縣官無奈，告知武昌府制臺。制臺是個明白人，說：「這兩個是吃訴訟飯的內行人，強行收納賣契是不妥的，只能拿銀子將黃鶴樓賣契贖回來。」江夏縣令只得找到石、潘二人，好言相商，以百兩銀子贖回了契約。

常規之外，別具洞天。黃庭煜之所以被人傳頌，正是因為具備了超越常理、打破常規的本領。可以說，超越常理，展現的是一種別樣的人生景觀；打破常規，是讓一個人步向成功的不二法門。

【賞・品悟】

常人守常理，智者越常理。超越常理，打破常規，才能出人意料。生活中，一個人要想取得成功，一是要付出堅持不懈的努力，二是要具備越常理、破常規的膽識和智慧，有了這些，成功的大門就會為之開啟。

第三章　只管前行，不要問明天還剩下多少行程

一個人如果有了水的姿態

水是柔軟的，水是剔透的，水是纏綿的。柔軟的水一旦變得冷冽，便會有稜有角，堅硬成冰；剔透的水一旦對環境有所反應，便會行為異樣，姿態混濁；纏綿的水一旦勃發狂怒，便會波濤洶湧，捲泥帶沙，釀造災難。

水，可以平靜如鏡，可以微波蕩漾；可以奔突飛瀉，可以潺潺迴旋。無論何種姿態，水，總能讓人感覺到它的美麗。野山溪澗，幽谷一潭，曠野一脈，凌空一線，平陽闊水，水天相連，總能恰到好處地將天光山色、自然音律演繹得有聲有色，多彩多姿。

平靜的水，含蓄而內斂。一旦它高漲的熱情抵達臨界，便會了無拘束地蒸發、舞蹈、升騰。流動的水，一旦成海，展現出的便是動盪變幻、波瀾壯闊、洶湧澎湃。渾圓的水，一如汗水和淚水，它們以鹹澀的姿態，從身體中冒出來，從心中流出來，或昭示勞動艱辛，或蘊藏珍貴情感。

就像人與人之間可以相親相愛一樣，溪澗與溪澗之間，河流與河流之間，湖泊與湖泊之間，海洋與海洋之間，是可以相融相通的。水，永遠堅守著自己的方向，哪怕途中

> 一個人如果有了水的姿態

有千般阻撓,萬般挫折,它也會始終如一,且歌且舞,永不言棄。

水,是靈活的,變通的,它審時度勢,隨形而存,以勢而發,因此,水可載舟,亦可覆舟。水,是包容的,超越的,正因為這樣,它可以讓劣勢變優,優勢更優。它滲透到動物中,便有了活力和圓潤;它滲透到植物中,便有了鮮美和醇香。它延伸到哪裡,生命便會在哪裡接續延伸。

水的姿態是哲學的。它清濁併吞,隨方亦圓;它上波下靜,變幻無窮;它滲透擴散,急流澄清……無論是滴珠凝翠,還是碧波萬頃;無論是清流回轉,還是恣肆狂浪。水的性格、情調、靈韻、姿態,永遠是人類心靈的另一種映現和展示。

「見山是山,見水是水;見山不是山,見水不是水;見山還是山,見水還是水。」心態寓於山水之間,智者才成為智者。水,生命之本,萬物之源,是智慧與活力的象徵。在時間和空間的不斷更替中,水,造就生命世界的和諧。它變幻莫測的特質,氣象萬千的靈性,帶給人類的,是永無止境的點撥,永不枯竭的啟迪。

水,注入杯中一剎那,在杯底蕩起謎一般的漂亮迴旋,繞起妙不可言的柔美曲線。都說女人是水做的,水之於女

第三章　只管前行，不要問明天還剩下多少行程

人，真切是最好的詮釋。事實上，水的姿態是人的姿態，更確切地說，是女人的姿態。握一杯水於手中，再粗放的人，也能在純粹的狀態中，感知俗世生命的晶瑩和美麗，圓潤和柔軟。

一個人如果有了水的姿態，就擁有了無與倫比的機緣。

【賞‧品悟】

「上善若水」，老子以自然之水喻人的品性，喻人生智慧，是多麼精到的一筆。在他眼裡，學習水的姿態和性情是完善人格形態的集中表現。

心態如水，能讓人笑對坎坷，正視苦樂，看透名利，安然淡泊。置身於水一般的無極之境中，以水一樣的智慧應對世事變遷，生命的河道又怎能不生機勃勃？

真正的快樂，內在而自在，深刻而持久

一位久病的患者，到他熟悉的醫師那裡看病。醫師替他做了全面檢查，說沒什麼大問題。可他說：「我吃了很多藥也不見效，這是怎麼回事啊？」醫生說：「你的病不是吃藥的問題，而是能不能保持愉快心境的問題。你的家境我知道，你身體的毛病也是事實，但對你來說，需要的不是藥物，而是快樂。面對自認為不如意的生活，想辦法快樂起來，才是改變你目前生存狀況的良方。」

聽了醫師的話，患者若有所悟：是啊，我的身體狀況，也許真是因為自己對自己的處境太過沮喪。從此以後，他將注意力集中到自己的愛好上，清理出擱置已久的文房四寶，潑墨揮毫，寫字作畫。不管是在生活中還是在虛擬的網路上，一有機會，他就主動和書畫愛好者愉快地交流。這期間，他品嚐到了真正的快樂。本來，他的書畫功底就不錯，不到兩年時間，就創作了一批有一定水準的書畫作品。在朋友的鼓動和支持下，他舉辦了一次書畫展。就這樣，他的作品，不僅得到了書畫同行的認可，還有幾幅被人高價收藏。在忙碌、快樂走過的這些日子裡，他的身體竟然毫無不適的

第三章　只管前行，不要問明天還剩下多少行程

感覺。這一切，源於他懂得怎樣去營造真正的快樂。

這位患者讓我想起了春秋戰國時期的一個人——顏回。顏回是個品德高尚、胸懷人間大愛的人，同時也是一個快樂的人。有一次，孔子問子路和顏回的志向，子路回答：「願車馬衣輕裘，與朋友共，敝之而無憾。」意思是和朋友同乘馬車，共穿皮衣，即使破爛了也無所遺憾。顏回則說：「願無伐善，無施勞。」意思是不誇耀自己的長處，不宣揚自己的功勞。從兩人的回答不難看出，子路偏於小圈子的榮辱，而顏回則心存人間大愛，其境界之高，是子路無法相比的。因樂觀好學，顏回為孔夫子所欣賞。子曰：「一簞食，一瓢飲，在陋巷，人不堪其憂，回也不改其樂。賢哉回也！」顏回雖然過著清貧的生活，卻擁有快樂的心境。也許，這正是因為他有大志向，以胸懷天下為樂吧。

在物質發達的今天，可以說，生而為人的快樂，更多來自內心的滿足。關注內心，才能變被動為主動，變消極為積極；才會心胸坦蕩、泰而不驕、和而不同；才會不苛求，不比較，自得其樂。窮人可能不快樂，富人也可能不快樂。真正的快樂，是一種胸懷、一種智慧，它內在而自在，深刻而持久，沒有人可以動搖。

真正的快樂，內在而自在，深刻而持久

【賞‧品悟】

快樂是一種心境，更多是源於內心的滿足。一個人要得到真正的快樂，就必須聽從心底的召喚，不為外在左右。只有這樣，才能在付出努力後，真正造就自己，並獲得深刻持久的快樂。

第三章　只管前行，不要問明天還剩下多少行程

為他人鋪設一個臺階

臺階，生活中隨處可見。有粗糙的，有精緻的；有平民型的，有貴族化的；有被雨水沖刷過甚至殘缺的，有擺放著鮮花鋪設著紅地毯的……篤實平常的臺階讓人感覺實在，富麗堂皇的臺階教人心存敬畏。臺階供人拾級而行，或由高處下來，或由低處上去，它鋪設在人的生命中，最為可貴的，就是它可以超乎尋常地為處於窘境的人留住做人的尊嚴。

臺階的貴賤，不在外觀，重在虛實。有人一輩子不遺餘力為他人鋪設臺階，在盡心盡力鋪就他人尊嚴的同時，自己也獲得了尊嚴；有人一輩子為自己鋪設臺階，踩著別人的尊嚴攀援而上，最後將自己鋪進了罪惡的深淵，從此永遠失去了尊嚴；有人看似稀鬆平常地活著，卻深諳為人為己的道理，平日裡看不見他有多大能耐，關鍵時刻能夠堂堂正正地站出來，用心良苦鋪設臺階去維護他人的尊嚴。

生活中處於尷尬境地的人，最需要的就是有一個能讓他體面地走開的臺階。

有這樣一則故事：在一家餐廳裡，一位外國客人用餐以後，看到一雙做工精美的筷子，心生愛意，於是悄悄地裝

> 為他人鋪設一個臺階

進了口袋。這位外國客人的舉動,恰巧被一位女服務生看見了,她不動聲色地說:「謝謝各位的光臨,顧客的滿意是本店的榮幸。我發現有的客人對我店的餐具很感興趣——這當然是很精美的工藝品——如果有哪一位願意購買的話,請與本店的工藝業務部聯繫,那裡有更加精緻的無毒衛生的工藝品奉獻給各位。」說著便把目光投向那位將筷子放進口袋的外國客人身上。那位客人馬上從口袋裡掏出了筷子,說:「我看到貴店的工藝品太精緻了,所以情不自禁就收起來了,我很喜歡它,不如以舊換新吧。」用完餐後,那位客人到業務部訂購了一套餐具。

還有這樣一件事:一位出門在外的先生,在候車的期間,信步來到一座茶樓,他不知道在候車室出口擁擠的人群中,他的錢包已被窺視已久的小偷竊走了。喝完茶後,發車時間差不多就到了。他摸著口袋起身去付帳,才發現錢包不見了,這一刻,他急得不知如何是好。就在這時,憤憤嘀咕著的女老闆一個電話召來幾個漢子,把拳頭捏得格格響。「老闆!」一個服務生拿著一張百元鈔票直接走向吧檯。「這位先生進來就付過帳了,可能他一時忘了。這不,錢在我這裡呢!」就這樣,服務生不著痕跡地為這位先生化解了意想不到的尷尬。女老闆明白真相後,說:「其實我那天心情不好,叫人來之後便感到後悔,我想不到該如何收場,你那樣做,

第三章　只管前行，不要問明天還剩下多少行程

既讓他走出窘境，也給了我一個下臺階的機會。」為這事，服務生得到了女老闆的重用。

積極而誠懇地幫助他人，給他人一個正當的理由走下臺階，常常不過是舉手之勞的事情。正是這微不足道的舉手之勞，給予他人的卻是恰到好處的幫助。而你自己在這個充滿競爭的社會裡，也收穫了別人的敬重和信賴，這份刻骨銘心的敬重和信賴足夠你受益一生。

【賞‧品悟】

生活中的臺階讓人自由來去，生命中的臺階有關人的尊嚴。為處於窘境的人鋪設臺階的人，其實也在為自己鋪設臺階。恰到好處地鋪設臺階，是美好品格的一種展現，它微不足道卻可以讓人感念終生。

有一種傻，叫聰明

有的人，看一眼，會覺得他挺聰明；有的人，看來看去，都覺得他生來就與「聰明」二字無緣，但他並非不聰明，只是他的聰明被一種外在的傻勁掩蓋著，你無法一下子看出來。這種聰明就是人們常說的「大智若愚」。

俗語說：傻人有傻福。這裡所說的傻，有真傻的，也有裝傻的。若是裝傻，而且裝得不著痕跡，是為大智，這樣的人，他的聰明滲到了骨子裡。他也許從未想過「將欲取之，必先予之」的道理，但他在生活的瑣碎中，常常無意識地就這麼做了，做得自然坦蕩，做得忘我。他幫助了別人，別人會回報他，他就順理成章地有了收穫。與其說他有福分，不如說他的福分得益於他的「傻」。人生在世，裝聰明不容易，裝傻更難，一輩子裝傻則難上加難。所以，最怕的不是對手裝聰明，而是對手裝傻。

一個傻得恰到好處的人，絕非傻瓜。這種傻，是大智若愚，是真聰明。《三國演義》裡眾所周知的張飛，就有幾分傻氣，他是真傻嗎？其實不是。在長坂坡，為救幼主阿斗而斷後的他，孤身一人，卻敢一聲斷喝：「俺乃燕人張翼德

第三章　只管前行，不要問明天還剩下多少行程

是也，誰敢與我一戰？」這一聲斷喝，擾亂了曹操正常的思維，讓那麼一個聰明的人思前想後，最後不得不引數萬大軍自退而去。張飛的一聲喝，正是他的智慧所在。面對數萬大軍，他像諸葛亮使「空城計」一樣，急中生智，用上了「虛張聲勢」這一招數。

當危險來臨時，透過裝瘋賣傻，可以達到逃避危難、保全自身的目的。齊人孫臏遭龐涓暗算後，身陷絕境，但他沒有妥協，而是佯狂詐瘋，消除龐涓的警惕。一天，龐涓派人送晚餐給孫臏吃，見孫臏正準備拿筷子時，忽然昏厥，一會又嘔吐起來，接著發怒，睜大眼睛亂叫不止。龐涓接到報告後親自來看，見孫臏痰涎滿面，伏在地上大笑不止，過了一會，又嚎啕大哭。龐涓為了細察孫臏瘋狂的真假，命令左右將他拖到豬圈中，孫臏披髮覆面，就勢倒臥豬糞汙水裡。此後龐涓雖然半信半疑，但對孫臏的看管比以前大為鬆懈。孫臏終日狂言誕語，哭笑無常，白天混跡市井，晚上回到豬圈。一些時日後，龐涓對孫臏的「呆傻」信以為真，完全沒有了戒備。就這樣，孫臏得以順利逃出魏國。

職場或人際交往中，恰到好處的傻可以推銷自己，可以迷惑對手，可以獲得常人意想不到的成功。有這麼一個故事：一個叫雅詩・蘭黛（Estee Lauder）的美國女人要去法國推銷香水，而法國是一個香水王國，有人便勸說她放棄這個念頭。

有一種傻，叫聰明

但她認為只有打開法國市場，她的香水才有可能打開歐洲市場。不久，她將香水擺上了法國市場，正如別人預料的一樣，少有人過問她的香水。只有一些愛占便宜的小市民假裝試用，將香水倒在身上，然後一個銅板不掏，回頭就走。這樣的情形多得她的雇員都無法忍受了，說雅詩・蘭黛不制止這些人，真是個傻女人。雅詩・蘭黛只是笑笑：「讓他們用去吧，沒什麼。」其實，她心裡想的，這些人就是活廣告，可以將她的香水味擴散，帶給真正的買家。果然，時過不久，雅詩・蘭黛的香水迅速打入法國市場。

有一種傻，它是聰明的另一種形態，較之鋒芒畢露的聰明，它更加意味深長，更具張力和彈性，具有更為廣闊的空間。所以，在無聲無息的人生搏擊中，那種像「傻瓜」一樣的智者，往往會超越現狀，出奇制勝。

【賞・品悟】

大智若愚，難得糊塗，其實就是控制自己的貪婪，不過分計較得失的多少，才會在自己的生活裡暢遊無阻。而捨棄並不意味著我們將失去，相反，正是因為捨棄，我們才能更好地生活。

第三章　只管前行，不要問明天還剩下多少行程

你想起的不是我，是昨天

　　一天在餐桌上，一位同事的手機響了。接聽的時候他不是像平常一樣打哈哈，而是顯得十二分真誠。聽得出，打電話來的人，是他久未謀面的同學或同事。在「嗯、啊」之後，他臉上蕩著笑意，看似很平靜地說了聲：「你終於想起了我。」

　　在一個聚會場所，一個男人和一個女人見面了，女人見到男人後直呼其名，而男人一時之間卻喊不出女人的名字，難免有些尷尬。女人說：「別急，慢慢想，你會想起來的。」男人儘管有些手足無措，但還是站在了她的跟前，在記憶深處迅速翻找著有關她的章節……終於，他喊出聲來：「你就是那個清純的校園女詩人啊，天啦，過去二十多年了，王小妮，你現在看起來更像一個女強人了。」這一刻，王小妮笑了，她滿足地看了他一眼：「你終於想起了我！」

　　是啊，「你終於想起了我」，這一句普普通通的話，包含著多少複雜的情感，這種一言難盡的情感，可能是驚喜，可能是抱怨，可能是冰釋，可能是酸楚，可能是對世態人情的一種洞察，也可能是對逝去韶光的一種審視。

> 你想起的不是我，是昨天

　　世俗生活中，因外部世界不斷地更迭交替，我們不斷地遠離、不斷地忘記一些屬於內心深處的東西，這些被遠離或是被忘記的，恰恰是我們生命中最重要的部分。在為物質、金錢奔波勞碌的時候，我們忘記了自己身心的健康；在被繁雜的事務纏身的時候，我們避開了愛情，淡漠了親情，忘卻了友情……這正是生而為人的悲哀之處。

　　想和不想雖然只是在一念之間，但凡俗之人，難免會置身於名利的角逐場中，穿梭在世態炎涼的溝壑裡，是很難得有時機集中精力、靜心凝神地想一件事、一個人的。而能夠被一個人「終於想起」，或是「終於想起」某一個人，且不為名利牽絆，不為雜念左右，無疑，這是「想起」和「被想起」的人之間莫大的幸事，也是他們在心靈深處對彼此的一種真正的認可。

　　什麼時候，如果你在面對一個久違的人或是傾聽一個久違的人時，情不自禁說出了「你終於想起了我」，說明你還是一個情義至重的人，說明你的心還沒有完全掩埋在世俗的塵埃之中，尚存神聖潔淨的一隅。

　　「你終於想起了我」所透露出來的，不是簡單的說辭，而是一種境界，一種返璞歸真的人生態度，一種自內心深處泛起的、最為真切最為實在的情感律動。

第三章　只管前行，不要問明天還剩下多少行程

【賞‧品悟】

　　隨著時光流逝，每個人總會有一本忘記了的書或一張沒印象的唱片。偶然再會，可能會懊悔自己錯過了一本好書，遺忘了一首好歌。也許，那不是遺忘，而是時間不對。第一次聽那張唱片的時候，它不能觸動你心靈，因為大家心境不同。那本書無法讓你驚豔，只因為當時你還沒有那種領悟。

　　遊走在我們身邊的人，也許都在等候一種領悟，等候適當的時光再遇，時間對了，你便會愛上他。幸好，你們今生還是遇上了，於是，「你終於想起了我」。

痛苦，不在痛苦本身，
而在於對痛苦的態度

曾經有三位美軍士兵站在華盛頓的越戰紀念碑前，其中一個問道：「你已經寬恕那些抓你做俘虜的人了嗎？」第二個士兵回答：「我永遠不會寬恕他們。」第三個士兵評論說：「這樣，你仍然是一個囚徒！」顯然，回答「我永遠不會寬恕他們」的士兵心中有獄，所囚的不是別人，正是自己。事實也是這樣，不寬恕別人就是不放過自己。

為自己設定過「心獄」的人，又怎會不了解梵谷躺在沙地裡，畫著蒼老的枯樹時是怎樣的心情？設身處地地想一下，寂寞孤苦的梵谷畫那些鳶尾花、向日葵、麥田、蘋果園時，需要付出怎樣濃郁的情感啊！正因為如此，梵谷那騷動卻壓抑著的淒美生命，才會在無法抓住的虛空裡，極度無奈地向自己的身體開了一槍。硬漢子海明威（Hemingway）呢，在他活著的時候，什麼都有了，他深諳「當你有了，你就沒有了」的人生哲理，以致「無緣由」地步入了難以自拔的「心獄」之中。這正是他毫不猶豫將獵槍塞進自己嘴裡，用手指完成生命中最後一個動作的緣由。

第三章　只管前行，不要問明天還剩下多少行程

　　有一句話說，感受痛苦是哲學。還有一句話說，痛苦，可以讓一個人的智慧高度凝聚。在比現實的牢籠還要黑暗的心靈之獄中，生命所遭受的苦難，常常是沒有極致的。更為不堪的是，在這背後，崇高、價值、正義等籠罩著神聖光環的字眼，不可避免地會塗抹上濃重的悲劇色彩。人，最可怕的不是疾病、不是牢獄，而是「心獄」！心靈一旦陷入牢籠，即使再光芒的思想和才華都會黯然失色，再強烈的信心、勇氣和對生命的熱望也會萎縮和消亡。而這「心獄」是誰設的呢？是自己！沒有人能打敗你，只有自己！要逃離「心獄」其實很簡單，在生活的每一天中，真誠對待你見到的所有人；肯定自己，多給自己一些正向的暗示；遠離浮躁，走出自我，抓緊一分一秒去做有意義的事情。

　　生活中，有形的牢籠跟無形的「心獄」比較，反而透出幾許廣泛。人的一生，如果一顆心總被煩惱困擾，被痛苦煎熬，這種狀況較之身在牢籠是有過之而無不及的。痛苦，往往不在痛苦本身，而在於一個人對痛苦的態度，生活中的困難也是如此。人生有限，我們要生活得更幸福一些，最好的方式就是對事、對物、對待人生有一個幸福的態度。只有這樣，才會走出「心獄」的囚禁，快快樂樂走過漫長卻短暫的一生。

> 痛苦,不在痛苦本身,而在於對痛苦的態度

【賞‧品悟】

山,如果不過來,那就讓我們過去吧!只有不失時機,恰如其分地改變自己,才可以最終改變屬於自己的世界。「心獄」之門的鑰匙就在自己手裡,一個小小角度的改變,就可能把狹窄變成廣闊。

第三章　只管前行，不要問明天還剩下多少行程

只要心中有光亮

　　春香，還在舌尖徘徊；春愁，還在心頭徜徉。夏天，說來就來了。日長夜短的夏天，白天大多是亮堂堂的，雖然也會有淋漓來襲，也會有潮溼加身，但更多的時候，是帶有熾熱和焦灼的華麗，讓人生的憂傷以汗水的方式滴落。在夏日，那些奮力穿越千年萬年，又離散了的陽光，拚命許下的，難道就是生前身後的寂寥和悵惘？

　　雖說夏夜來得晚，卻是異常地快，說黑就黑了。在夏夜的黑寂裡，許多不眠不休的思緒，河流般流淌；許多熱情，又怎會輕易為黑寂包裹收藏？無論一個人，還是一群人，心緒一旦融入夏夜的氛圍，便有了清晰的去向和來路。這注定是星光滿天的季節，注定是一個枝繁葉茂的季節，那些盡心播種的人，又何須殫精竭慮，為變幻莫測的未來和前景神傷？

　　夏夜，星光是如此燦爛，所有美好而繁冗的睡眠，也隨之構架起一個個活力四射的夢幻世界。總是一不經心，遼闊的星空就讓一些醒著或睡去的人，有了一份憧憬，有了一份翹盼，那分明是源於生命的，可以拔節、可以生長的人生故

> 只要心中有光亮

事啊,在情感的星河中恣意流轉、浪漫依洄、如歌蕩漾。

　　古希臘哲學家蘇格拉底(Socrates)說,人懂得的東西越多,就會發現自己不知道的事情越多。正因為這樣,我們總是藉助黑寂,掩飾自己,躲在夢與季節的深處,聽花與黑夜唱盡夢魘,唱盡繁華,唱斷所有記憶的來路。塵世的一切,總是被時光沖刷著。歲月無聲,一縷縷星光照過來,讓我們看見了自己的卑微,也讓我們學會努力地釋放自己的光澤。天邊偶爾劃過的流星,掠過茫茫時空,淡定安然地隕落之時,又該照徹多少人的心扉?

　　凡俗生活中,一個找不到生命方向的人,多半是因自己的心空失去了光亮。要走出黑寂,必須適應在黑寂中體悟和摸索,學會由心靈引路,讓心靈歌唱。茫茫宇宙中,我們的苦難再多,也裝不滿地球,對於上蒼賜予我們的,輪迴流轉的黑寂和光亮,我們要心存感念。就算是天黑了,只要我們的心靈亮著,一樣可以在秋天收穫喜悅,收穫快樂。

　　大千世界,需要有一些為生命歌唱的人,當別人唱著的時候,他在唱;當別人不再唱的時候,他還在唱。別人唱著的時候,聽不出他唱得如何絕妙;當別人不再唱了,才發現,他的聲息是如此清新敞亮,內斂安詳,他心中的光亮無論白天黑夜,一直都在,幾乎無時無刻不在每個人的心中流淌。

第三章　只管前行，不要問明天還剩下多少行程

　　任世事變幻，歲月滄桑，人類的心靈世界，最終還是由自己主宰。生而為人，只要心中有燭，心頭有光，就會找到愛和美的方向。這正是生活的法則，你哭，他也哭；你笑，他便笑；你心中有光亮，他絕無可能讓你找不到生命的出口。

【賞・品悟】

　　自然的黑掩蓋不了心底的亮，一個人心中有了亮光，就一定會找到生命的方向；一個人心中失去了光亮，就注定只能停留在黑暗中了。天黑了，心亮著，既可以照徹自己的生命，也可以照亮別人前行的道路。

讓生命在光影間綻放

讓生命在光影間綻放

凡是可以稱為大師或奇人的人，一定有著不同尋常的人生經歷和過人之處。

晚清道光年間，南海泌衝有這麼一個人，他的父親和外祖父都是學養深厚的「數學愛好者」，自然而然帶給了他那個年代少有的數理啟蒙教育。他自小受父親的影響，十歲時，就接觸了《周易》、《九章算術》、《周髀算經》等。年紀稍大，他開始學習「經史子集」。對傳統文化廣泛的認知，加上他對算術濃厚的興趣，為他日後研習西方文化和科學知識埋下了種子。

他悟性極高，就像後人對他評價時提及的一樣：「聰敏絕世，覃思聲音文字度數之源。尤精天文曆算，能薈萃中西之說而貫通之，靜極生明，多具神解。」當西方科學知識傳入中國後，他透過自學，將中西方文化精粹加以融合，獨自對光學、數學、天文學、測繪學、力學、化學及地理學進行了研究。

他讀《夢溪筆談》時，書中關於塔倒影與陽遂倒影同理的章節，讓他一下子著了迷並陷入其中。湖光塔影在別人看

第三章 只管前行，不要問明天還剩下多少行程

來，也許司空見慣，但於他而言，卻是有待捕捉定格的奇幻勝景。就這樣，他對透鏡成像產生了濃厚興趣，一腳踏入了對光學的研究之中，證明了光的折射、反射、散射原理，以及小孔成像、透鏡聚焦成像原理。

後來他一邊研製攝影器具，一邊結合國外有關感光、顯影、定影、沖洗等工藝，發明並製造出了中國第一臺照相機，率先將其運用到地圖繪測拍攝中，並設計了攝影繪地圖法。

地球球形說在十五世紀末已經得到了西方的廣泛認可，然而，清代仍有多數壓倒少數的聲音反對球形說。但他沒有被反對說左右，欣然接受了這個理論，並迅速進入研究階段。他認為，地球兩極半徑比赤道半徑小，是橢圓形的，在測算時，應「以橢圓曲率算之」，他以曲線來表示經緯線的畫法，使繪圖技術趨於準確，也為實地實測、勘測地表地質開啟了一扇塵封之門。他同時撰寫了《度算版釋例》，闡明了度算版的原理和使用方法。

他還製造過對數尺、望遠鏡、顯微鏡、七政儀、天體儀等，並透過論著《乘方捷術》、《磬求重心術》、《格術補》等，論證了他對力學、光學、數學的理論見解。

因沉迷於科學研究，視科學研究為專篤使命。他清心寡慾，不赴科舉，終其一生仍是秀才。即使受到高官推薦給朝

> 讓生命在光影間綻放

廷，他也一再婉拒。他不迷官場，恬退自甘，在數、圖、器的把玩中，實現了讀書人一次整體性的脫胎換骨，煥發出前所未有的生命力。可以肯定地說，他是能薈萃中西學說，並且融會貫通的為數不多的奇才之一。

他以自制的照相機和感光化合物拍了許多照片，於一九七三年沖印出了極為清晰的屬於他本人的相片，正是：「自照原無意，呼之如有神。」有人在紀念他時，為他撰寫了這樣一副楹聯：「專橫百家才大於海，安坐一室意古於天」，可以說，這一副楹聯道出了他卓爾不群的人生。

這位捕光捉影的民間奇人，就是晚清時期的科學家、發明家鄒伯奇。雖然他只度過了五十個春秋，但他卻是一個讓生命在光影間綻放的人，也是一個在有限的生命象限裡，教光影定格重生的人。

【賞‧品悟】

大師之所以成為大師，奇人之所以成為奇人，是因為他們對某些事物保有濃厚的興趣。

都說熱愛是最好的老師，大師或奇人，正是因為對某事某物懷有強烈的興趣和熱愛，他們的生命才有可能走向別人無法抵達之處，光澤後世，蔭及來人。

第三章　只管前行，不要問明天還剩下多少行程

第四章
積極入世，
努力做好自己擅長的事情

　　古往今來，有才能而得不到重用的人，並不在少數，這些人中的一部分便會變著法子炒作自己，並因此脫穎而出，闖出了一番大事業。對於確有成就、有真作為的人，適時炒作，積極入世，是值得肯定、無可厚非的。

　　但無論古今，總有一些眼高手低、華而不實之人，為了出名，刻意炒作自己，於是各種變味的炒作紛紛登場。

第四章　積極入世，努力做好自己擅長的事情

忠於自己的內心

　　賈伯斯（Jobs）說：「活著就是為了改變世界，難道還有其他原因嗎？」問題是，一個有如此想法的人，到底該拿什麼去改變世界？怎樣去改變世界？還是賈伯斯的一句話，為我們解開了這個結。「並不是每個人都需要種植自己的糧食，也不是每個人都需要做自己穿的衣服，我們說著別人發明的語言，使用著別人發明的數學……我們一直在使用別人的勞動成果。使用人類的已有經驗和知識來進行發明創造，也是一件很了不起的事情。」這句話潛在的意思就是，作為一個有想法的人，要善於站在前人的肩膀上去創新求變。

　　賈伯斯還有一句話：「成就一番偉業的唯一途徑，就是熱愛自己的事業。如果你還沒能找到讓自己熱愛的事業，繼續尋找，不要放棄。跟隨自己的心，總有一天你會找到的。」他在告訴我們，不為教條所限，不活在別人的觀念裡，不讓別人的意見左右自己內心的聲音，勇敢地追隨自己的心靈和直覺，才能認清自己的真實想法，抵達夢想的前沿，抵達成功的彼岸。

　　理想的人生，就是在人生所有的重大節點上，在生活所

> 忠於自己的內心

有的平常細節中,都可以聽從自己內心的召喚。「聽從內心的聲音,不為外在左右」說起來簡單,做起來絕非易事,但賈伯斯做到了。正因為他做到了,他才成就了舉世無雙的偉業。在賈伯斯看來,一個為外界左右的人,自覺或不自覺地做出某種決定時,就已經扼殺了自己內心的聲音,雖然可以進入一種省力的模式,卻無力為這個世界帶來點什麼,更無力去改變這個世界。

　　賈伯斯是有著不安分靈魂的人,他永遠制定著自己的計畫,永遠處於匆忙之中。他的計畫是獨特的,不適用於所有人,只適合自己。當賈伯斯第一次看到圖形使用者介面的展示時,他知道這就是電腦的未來,而他必須建立這樣的未來。從這一刻起,他聽從了自己內心的聲音,然後以執著和堅持開創了電腦的新紀元。

　　社會上流傳著很多關於賈伯斯衝著員工大喊大叫、斥責他們的故事,這是因為賈伯斯對員工的期望值有別於、高於一般的管理者。他是一個完美主義者,總期望自己和他人都做到最好。在任何情況下,他都遵循著自己的熱情和內心的聲音。否則,他們在他的眼中就算不上超一流的人才。這正是賈伯斯之所以成為賈伯斯的原因。賈伯斯也堅持聆聽他人的心聲,這是為了更精準、更分明地聽清自己內心的聲音。他曾情真意切地說:「我們能給顧客哪些意想不到的利益?我

第四章 積極入世，努力做好自己擅長的事情

們能把顧客引導到哪裡？這才是我們的出發點。」他聆聽自己的同時，也極盡所能地展示自己，並透過他人的評價來精準糾正，從而達到內在與外在的和諧。

內心的聲音成了他生命的盾牌、夢想的根基，沒有什麼能阻擋他前行的腳步，包括病痛、災難、被自己建立的公司驅逐等。他永遠保有正向樂觀的心態，勇於探索，勇於嘗試，勇於承擔，在實踐中不斷提升和改進自己的產品。在艱難曲折中上演著活生生的海明威式神話：「你可以打敗我，但你永遠打不垮我。」內心的聲音造就了他堅忍不拔、知難而進、勇於創新、勇於冒險等特質。這個全球最酷的企業家、IT產業的藝術家、駭客們不朽的偶像，不懈不怠地跟隨自己的內心，贏得了一個輝煌的、被上帝咬過了一口的蘋果，正是這個蘋果，讓他的事業散發著永不衰減的魅力和光芒。

事實上，內心的聲音恰似經過上帝之手仔細包裝的禮物，只要我們帶著耐心和勇氣去聆聽，就一定可以看到裡面珍藏的禮物。聽從內心的聲音，忠於自己的內心，拒絕做出違背內心的選擇，賈伯斯才得以保持專注的、不遺餘力的付出。這樣的專注和付出，讓他最大限度地發揮著自己的天賦，迸發出巨大的潛能，讓內在的渴望源源不斷地轉化為外在的價值。

哲人說：「只有天空的星星和心中的法則是自己敬仰的。」

> 忠於自己的內心

生活的法則正是這樣，不為外在左右，不為世俗淹埋，忠於自己內心的人，就一定會擁有一個藏在內心深處的最忠實最可靠的朋友，並以此贏得星光燦爛、七色斑斕的成功人生。

【賞‧品悟】

內心的聲音只有自己聽得見，別人是無法聽清的。一個人如果自己都不注重源於內心的聲音，就不可能有他人在意了。內心的聲音常常是夢想發出的最強音，跟隨內心的聲音，也就跟隨了人生夢想。跟隨人生夢想的狀態，最有利於發揮一個人的天賦和潛能。

第四章　積極入世，努力做好自己擅長的事情

讓觀念登峰造極

　　如果說，世界有「值得稱道的本質」，那麼這些「值得稱道的本質」，都是我們自己去發掘並加以界定的。所謂事業，就是對已有事物不斷完善、不斷登峰造極的過程。正是基於這樣的思維方式，在行動網路正流行的時候，幾名大學生大學沒畢業，就著手創辦了廣告公司。

　　公司創業之初，沒有資金、人脈，缺少投資者的支持，他們嘗試過網站的代理、地圖的販賣……在這些初始卻難忘的歷練中，他們累積了一些先行先試的經營理念和經驗。除學好自己的專業，他們還著力在學以致用上下功夫，積極參加各種比賽，努力做好創業前期準備，以圖在行動網路領域大顯身手。

　　有付出就會有收穫，他們參加微軟的比賽，得到了很好的獎項。他們拿出的作品是行動網路上的 SNS，類似現在的 LINE。專業評審看了這個頗有新意的作品，說：「你們這個 idea 非常棒！拿這個專案去創業吧！」

　　當時，行動網路展露出良好的發展勢頭，而他們面臨畢業。趁著這一大好時機，他們做了很多 APP，再度聯手參加

讓觀念登峰造極

比賽。比賽開設十八個獎項，他們十四個人參賽，就拿了前十四名，外界關注的目光一下子投向了他們。賽後，他們趁熱打鐵，開發各類APP，使用者達數千萬，規模和黏著度出人意料。雖然使用者多，但不賺錢，他們也明白，讓使用者付費是如此不現實。沒有收入，這個團隊要生存下去，怎麼辦？他們想到了廣告模式。網路廣告模式相對成熟，然而當時手機螢幕很小，大部分還是按鍵機，網路非常慢，手機效能也很差，廣告體驗非常不好。但他們相信，既然網際網路廣告模式可以做得那麼成熟，那麼手機網路慢、資費高、效能差、螢幕小這些問題遲早會解決。於是他們著手創立了行動廣告平臺，創建智慧型手機 Banner（橫幅廣告）的模式；接著，他們進軍海外市場；並推出了海外廣告平臺，取得了矚目而傲人的成績。

在激烈的市場競爭之中，他們開創了行動廣告領域裡面的很多個第一，創新力、執行力令人刮目相看，他們的產品從點擊率到給開發者的收入都做得非常穩健，不可否認地引領著市場的發展。就這樣，成為同行業中最有變現能力、最賺錢的一家公司。

後來，公司掛牌上市，引入了各地的知名機構投資。其產品覆蓋了超過十八萬款優質的APP，累計覆蓋的手機使用者數超過十二億。合作的廣告主超過了一萬家。他們著意打

第四章　積極入世，努力做好自己擅長的事情

造「一橫多縱」的生態系統，即橫線和縱線的各塊業務可以互補，形成「1+1>2」的效果，最終實現公司目標：五年內成為全球流量第一的移動廣告平臺。

作為一個年輕的團隊，雖然不具備豐富的、成熟的管理經驗，但有很好的優勢，那就是精力充沛，勤於學習，反應敏銳，對行動網路的理解高人一籌。可以說，是觀念上的登峰造極加上這個團隊永不懈怠的堅持之心，成就了他們的理想和事業。

【賞·品悟】

觀念很重要，一個團隊觀念的形成尤為重要。只有樹立登峰造極的觀念，才有可能成就登峰造極的事情。可以說，有什麼樣的觀念，是一個人、一個群體成功與否的先導。

存活於紅塵之中的生命意志

有這樣一顆燈泡，在所有知道它的人心中，幾乎可說是聖物，沒有人敢碰它一下。有人開過這樣的玩笑：「任何人如果敢碰它一下，手指將被剁掉！」如此這般，究竟是為什麼？

原來，這顆燈泡在一九〇一年點亮的時候，原子彈和汽車都未曾發明，就連製造它的雪比電器公司也在一九一四年歇業。這顆燈泡一點就是一百多年，在這長達一百多年的時光裡，它只熄滅過二十二分鐘，原因是，利佛摩市消防隊曾於一九七六年搬過一次家，當時為了保護這枚寶貝燈泡，消防隊不但請來了全城最好的電工，還幫它量身打造了一個木造外殼、棉花裡襯的盒子，一路上由警車開道，生怕出什麼意外。

二十二分鐘後，這顆燈泡被運到了目前的地點──美國加州利佛摩市消防隊第六分局，並被接到了一根專門為它提供電力的一百二十伏的電線上。

這顆蒙塵百年依然閃亮的燈泡，因此被納入金氏世界紀錄，並被確認為「全球最長壽電燈泡」。這顆長壽的電燈泡是

第四章　積極入世，努力做好自己擅長的事情

　　美國加州利佛摩市消防隊第六分局的一顆四瓦的小燈泡，迄今為止，它的長壽祕訣依然讓人驚疑。

　　有人猜測，由於它從不開關，所以燈絲壽命超長；也有人認為，它長壽的祕訣在於精湛的老式燈泡製造技術，由於燈泡外殼完全密封，燈絲才能在真空狀況下毫無損傷地亮下去。有人解釋過，四瓦的白熾燈，燈泡的電阻率較高，自然熔斷的可能性很小，只要燈泡不漏氣，就可能一直亮著，這顆四瓦的白熾燈應是真空燈泡。

　　奇怪的是，這顆燈泡的燈絲應該是炭質的，也會在高溫時「昇華」，其「昇華」率怎麼就那麼低呢？於是出現了各種疑惑，讓這顆燈泡越發神祕。有人說，這顆小燈泡就是整個世界的燈塔。

　　這顆燈泡誕生於十九世紀美國發明家阿多爾菲・柴萊特（Adolphe Chailet）之手，柴萊特曾和美國發明大王湯瑪斯・愛迪生（Thomas Edison）進行過燈泡發明競賽，比誰能造出最好的電燈泡。為了造出最優質的燈泡，他將畢生的精力消耗在了電燈泡的發明和製作上。

　　一天，在燈泡發明比賽的現場，隨著電壓不斷升高，除了柴萊特的燈泡越來越亮之外，其他幾位發明家包括愛迪生的燈泡都在剎那之間炸開了。比賽證明，柴萊特發明的電燈

存活於紅塵之中的生命意志

泡能夠承受更高的電壓，擁有更長的壽命。

因為柴萊特全部的心血都傾注在發明燈泡這件事情上，致使他有生之年沒有愛迪生那樣有成就、有名氣。所以，直到現在，在世人看來，發明大王愛迪生的燈泡才是最好的，那次競賽中，柴萊特只不過是運氣好些罷了。就這樣，柴萊特雖然閃亮了一回，卻得不到順理成章的認可。

百年之後，有人出高價想收藏這顆燈泡，卻遭到了當地消防部門的拒絕。因為在利佛摩市消防隊隊員眼裡，這顆燈泡是滅火兄弟的精神象徵，它代表火情發生時，滅火兄弟隨時都在。

無論如何，這顆蒙塵的燈泡，雖然不是一件價值連城的物品，有一點卻是不可否認的：它傳遞著一種不懈不怠的精神，一種持續恆久的人生信念，一種存活於紅塵之中的生命意志。

【賞‧品悟】

一顆蒙塵百年依舊閃亮的燈泡昭示了時空深處精湛的製造技術，也昭示了一代發明家為社會進步付出的心血沒有白費。在更多人眼裡，它是一種傳承，一種精神，一種生生不息的生命意志。

第四章　積極入世，努力做好自己擅長的事情

承受是人生的必修課

　　勾踐臥薪嘗膽，是承受；韓信忍胯下之辱，是承受。因為承受，他們才得以成大事，舉大業。

　　人，生來是要承受的。承受的本源叫支撐，支撐家庭，支撐事業，支撐社會。可以說，承受無處不在，生活本身就是一種承受。一個人支撐得越多，承受的壓力也就越大。

　　我有一位朋友，有一個時期，種種不順接踵而至，他因此一味沉浸在失意情緒裡，顯得低落無助，成天向別人抱怨。

　　有一天，他在當地報紙上看到一則報導，被報導的主角竟是他的同事。報紙上說，他這位同事因母親患病，幾年時間花了幾十萬元。作為普通上班族的他，花了錢，盡了心，最終，還是沒能挽留住母親的生命。送走母親沒多久，妻子又被查出患了癌症。而他自己一直身體欠佳，病痛纏身。這樣一來，為了妻子，他的病，只有再往下拖著了。但平日裡，他像個沒事人一樣。如果不是這則報導，又有誰會知道，他承受的負荷，竟是如此沉重。但他的這位同事還是樂觀地說：「上天讓我有機緣承受，說明我還是個有用之人。」

　　就人而言，總得承受一些痛苦。只不過有些痛苦來得緩

和,可以讓人平靜以對;有些痛苦來得突然,讓人猝不及防。我們屈服於痛苦,只會對生活更加絕望,而我們勇於面對且承受痛苦,生活才會充滿希望。

承受的人生是不會被打敗的。古羅馬哲學家塞內卡(Seneca)曾說:「真正的偉大,即在於以脆弱的凡人之軀而具有神性的不可戰勝。」人的一生總會遭受許多的困難和挫折,但這些並不能妨礙我們去感受大自然的鳥語花香,去體會人世間的善良和溫情。任何人都知道,生命的奇蹟,往往是在戰勝逆境後出現的。

紛繁的生活,我們怎麼抱怨、怎麼責怪都沒有用,更沒有必要對生活的不順和不幸耿耿於懷,在生老病死面前,在興衰更替面前,最重要的是坦然面對,勇於接受,善於承擔。承受是人生的必修課,你若不能承受,注定只會垮下去;你若承受了難以承受的壓力,屬於你的生命,就會有陽光燦爛。

【賞・品悟】

人,生來是要承受的。不能承受的人,注定是無所作為的。

人生可以感受許多美妙的事情,但一定要有承受苦難和挫折的心理準備。勇於承受、善於承受的人生,注定有陽光燦爛的一天。

第四章　積極入世，努力做好自己擅長的事情

轉個彎，同樣抵達

作為無車一族，我每天上下班，無論風雨飄搖，還是烈日炎炎，都是雷打不動地步行。除非路上有熟識的駕駛樂意捎我一段。

在我看來，步行上班雖然難免遭受風吹雨打，酷熱炙烤，但對長期從事伏案工作的人來說，也有看得見的好處：一則可以透過步行強化鍛鍊，強健體魄；二則可以欣賞沿途的風景，感受四季變化，從中有所頓悟，有所收穫，以此調節身心。

有一些時日，連日雨水，就算是看起來平整的瀝青路面上，積水也不見少，在坑窪跌宕、地勢起落的地方，其水漬的情形就甭說了。即使如此，我依然一如既往地走在上下班的路上，只不過頭頂多了一把雨傘，腳上換了拖鞋，手中多了一個裝有皮鞋的塑膠袋。這種「頭頂雨傘，腳踏拖鞋」的情形，竟然持續了好幾天。

一直記得有一天，我走在路上，前面一個女孩，她步行的速度明顯沒有我快，所以，我和她幾乎同時到達前面的路口。在這裡，她彎進了那條少有人走的岔路。在我的感覺中，那是坡度很小的一段路程，少有水漬，只是較人們常走

> 轉個彎,同樣抵達

的那條路,它的路程似乎更長一些。因此,我依然習以為常地走在那條看似較近的路上。

沒想到的是,在抵達辦公大樓的時候,她的身影還是飄在了我的前面。

轉個彎,同樣抵達。道理很簡單,她的選擇,免去了一些外在的羈絆,消除了內心的顧慮,讓行進的步履變得輕鬆自在。而我呢,選擇了最近的路途,也選擇了行走的艱難。

就行走而言,路途的遠近,無法決定抵達的先後。現實生活中,很多事情又何嘗不是如此?為了出人頭地,為了擁有事業,為了擁有愛情,很多人,一而再地選擇捷徑,結果反而離自己的初心越來越遠。而那些篤定、淡定的人,總是以彎道跨越的方式,讓凡俗的情和事,變得越來越明麗,越來越精采。

「無法攀越就繞行,不能戰勝就迂迴」,遇到問題轉個彎,也是一種明智之舉。它可以避免生活的鋒芒,摒棄是非曲直之爭,順利地實現心中的目標,抵達心儀的所在。

【賞・品悟】

很多時候,人生走著走著,便膩味了,甚至有時看起來好像走投無路了,這樣的時候,不妨迂迴一下,讓思路轉個彎。事實上,世界上很多事情,並沒有想像中的那樣讓人絕望,只要換一種思維方式,就可以找到事半功倍的路徑和方法。

第四章　積極入世，努力做好自己擅長的事情

備受煎熬依然抱有熱情的人

　　托爾斯泰（Tolstoy）說，一個人能承擔多大責任，就能取得多大成功；一個人若失去了對事物的熱情，注定一事無成。

　　有很多生活方式供我們選擇，有索然無味的，有熱情燃燒的；有平坦安然的，有跌宕刺激的⋯⋯前者淡然平靜，可獲得一定的幸福感，但永遠難以擁有成功的喜悅；後者在起落顛沛中，能讓人深深體會到走向成功的不易，也能讓人在成功之時品味巨大的喜悅。這是「履平地」與「爬陡坡」最本質的區別，兩者的境界是截然不同的。

　　世事就是這樣，若想站在高處，必要攀援崎嶇；若想擁有最好，必定忍受創痛。所謂贏家，就是能度過難關，能走過人生風雨的人。

　　人活著，就得有目標、負責任。負責任是一種態度，是一種在飽受煎熬時依然抱有熱情的態度。一個對人對事負責的人，才是對自己真正負責的人，才有可能擔負起更多的使命。成功的人，總是擁有與生俱來的使命感、擁有強大的責任心。一個沒有社會責任感、棄社會責任而不顧的人，也同

> 備受煎熬依然抱有熱情的人

時放棄了自身在這個紛繁複雜的社會中，更好的生存地位，更好的發展機會。

偉大，從來都是煎熬出來的。這裡所說的煎熬，無疑是指那些常人無法想像的委屈和歷練。在一件事情上，一個人投入了多少情感，多少精力，承受了多少壓力，成功的可能性就有多大。處於艱難境地而不輕言放棄的人，備受煎熬依然抱有熱情的人，一定是個內心強大、能跳出「自我」且不屈不撓的人，這樣的人，多半是一隻腳已踏入了成功的門檻。

「失敗莫怨命運的乖蹇，成功應是生活的賜予」，想要成功，除了奮鬥，別無選擇。黑格爾說：「人生就像一支箭，不能回頭，回頭就意味著墮落。」別林斯基（Belinskiy）也說：「人不是為了忍受失敗而創造的。」

挫折和失敗是成功的鋪陳，要成功，便要懷一腔熱忱，付出辛勤勞動。

成功，向來是一種承受。一個人，能承受多大壓力，就能取得多大成功，偉大的成就，永遠是煎熬出來的。不虛度一生的人，是盡心竭力、盡職盡責做好了「該做的事、能做的事」的人，這樣的人，是問心無愧並可以貼上成功標籤的人。

第四章　積極入世，努力做好自己擅長的事情

【賞·品悟】

淡然平靜，可獲得一定的幸福感，但難以擁有成功的喜悅；起落顛沛，讓人深深體會走向成功的不易，也能讓人在成功之時品味巨大的喜悅。這就是人生是否投入、是否遭受過煎熬的最大差別。

世間沒有理所當然

　　A和B同時進入某公司，A業績平平，B成績斐然。幾年後，A得到了重用，B卻在原地踏步。事後，B憤憤不平地說：「按業績，提拔我才是理所當然的，為什麼就提拔了他？」公司高層得知後，對他說：「這世上沒有什麼理所當然，你在業績上較A強，但其他方面未必比他行。」

　　還有這樣一個小故事：甲、乙是閨密，在一起上班。甲不喜歡吃雞蛋，每次發了雞蛋都給乙吃。剛開始，乙很感謝她，久而久之便習慣了。習慣了，便覺得理所當然了。直到有一天，甲將雞蛋給了丙，乙就不快了，憤懣了，發牢騷了。她忘記了這個雞蛋本來就是甲的，甲想給任何人都可以。為此，她們大吵一架，從此絕交。

　　習慣了別人的給予，並沒有什麼大錯，錯就錯在沒有感恩之心，主觀上認為這樣的給予是理所當然。一旦這種給予消失了，反而認為是別人不好了，而沒有意識到自己從來就沒有付出過。

　　關心，沒有理所當然；關愛，沒有理所當然；承擔，沒有理所當然。要知道，天上從來沒有掉餡餅的事。什麼都沒

第四章　積極入世，努力做好自己擅長的事情

有付出，又談何得到？付出的比別人少，憑什麼得到的比別人多？總之一句話，任何人，沒有權利要求別人一直為自己做出各式各樣的犧牲。

很多事情，比如難忍的委屈，比如長久地守候，比如無休止地付出，發生在別人身上時，我們總是開導他（她）要冷靜處理，先想清楚，想明白。而一旦發生在自己身上的時候，就怎麼也想不清楚，想不明白了。是的，世間之事，沒有什麼理所當然，包括付出和愛。是人，都只有一輩子，要負的責，要還的情，總有一天會畫上句號的。

這世上，沒有無緣無故的愛，也沒有無緣無故的恨，更沒有什麼理所當然。關愛是一種選擇，善待是一種品性。樂於群居的凡人，是少不了情感互動的，友情如此，愛情如此，親情何嘗不是如此？他對你好，你對他好，無論父子，無論母女，無論夫妻，都非天經地義、理所當然。事實上，世間所有的好，都需要用心去珍惜，若不珍惜，再好的時光，也會很快走到盡頭。

可以肯定地說，在生命過程中，能夠時時刻刻理解和尊重他人付出的人，所得到的，一定是生活豐厚的回報。

世間沒有理所當然

【賞・品悟】

　　世間有什麼是理所當然的呢？沒有。體認到了這一點，在面對一些人生糾結的時候，你的心胸會豁然開朗。人與人之間的關愛和信任都沒有理所當然，世間所有的好，你以為是理所當然，而不加珍惜，終有一天會消失殆盡。

第四章　積極入世，努力做好自己擅長的事情

每一次徒勞，都是買不來的經歷

炒股，賺不了錢，是徒勞。牛市與熊市的輪迴，是現實的存在，也是客觀的規律。賺錢的雄姿英發，套牢的萬劫不復，輪迴之間，有多少歡樂，就有多少憂愁。有一種事情是注定了的，不是透過踏實勞動就能創造財富。如果沉湎於投機取巧以尋求高額回報，一不經心，人生的累積就會化作烏有，生活的快樂就會失去重心。

讀書，讀個半途而廢，是徒勞。浮於表面，只求一知半解，不能夠堅持始終，不尋求真知要義，絕難有大收穫、大作為，最終得不到彼方的迴響、社會的回應，只會沉入生活的底層，無異一場徒勞。

捉筆為文，不能發表，是徒勞。苦思冥想、嘔心瀝血弄出來的自以為是的文字，原本以為有生活深度，有思想境界，有靈氣浮動，足以啟迪心靈，教化大眾，開啟智慧，不曾想得不到發表，得不到媒體的認可，這何嘗不是一種徒勞？這種徒勞足以教心靈滴血，讓心志萎靡。

上班拿不到薪資，是徒勞。生存需要以物質為支撐，上班是生存的手段之一，而薪資是努力上班得來的物質體現。

> 每一次徒勞，都是買不來的經歷

上班族辛辛苦苦工作，一年到頭，卻拿不到應該到手的薪資，所意味的，就是衣不蔽體，食不果腹，無以為生，無以為繼。隨之而來的，是我們所處的世界失去秩序，失去誠信，陷入混亂。上班族拿不到薪資，空耗的何止是凡俗的人生經歷？

愛而不得，是徒勞。一個人單方面愛另一個人，愛得日月無光，天昏地暗，死去活來，卻贏不來另一個人一絲半點的愛意，這就是傳說中的單相思。這樣的單相思，可謂最滑稽的徒勞。好在，愛了就愛了，痛了就痛了，這是個人的事情。就算是徒勞，也與他人無關，與世界無關。

做了一百件好事，最後做了一件壞事，那一百件好事是徒勞。一個有良好社會形象的人，一個有口碑的人，一定是大眾心目中有能力、有擔當的人。大眾認同，是因為他做了許多值得大眾認同的事情。但是，如果這個人做了哪怕僅僅一件讓人不齒的事情，他的形象就會毀於一旦，他以前做的所有的好事都只是徒勞。

於人而言，一生有許多徒勞，這在所難免。重要的是，要具備自我平復的心態，要有「只問耕耘，不問收穫」的境界，要有「繩鋸木斷，水滴石穿」的意念，要學會換位思考，站在他人的角度想問題，以真心、真情、真意與他人往來交流。

第四章　積極入世，努力做好自己擅長的事情

　　愛迪生說過，成功等於百分之九十九的汗水加百分之一的靈感。由此可見，現實的狀況並非是「一分耕耘，一分收穫」，人的一生，難免有許多徒勞，但我們也該清醒地看到，每一次徒勞，都是買不來的經歷，都有它存在的理由和意義。

【賞‧品悟】

　　每個人的一生，都會有許多徒勞。但這些徒勞都有它存在的理由和意義。正是因為有了這些徒勞的鋪陳，我們才能走向最後的成功。人生可怕的不是徒勞，而是有一顆一味走捷徑的心。

積極入世，做好擅長的事情

　　一個人，再平庸，如果具備了一手以炒作上位的絕活，不想出名都難。

　　炒作的最大魅力，在於讓一個默默無聞的人能夠快速吸引眼球，成為大眾聚光燈下的焦點。這個人隨之聲名大噪，風生水起，讓他人傾倒迷信，頂禮膜拜。有心成名的人，有實力也好，無能耐也罷，只要有可能，都會不失時機地炒上一把。

　　善於炒作的人，心裡很清楚：僅憑藉真才實學，要想一步一個腳印地走出名堂，取得成功，不知要付出多少艱辛。更為不堪的是，就算擁有了別人難以企及的成就，因為缺少炒作，缺少他人的提點和關注，依然只能淹沒於紅塵之中。如果能合理炒作一把，將自身特點與優勢展現出來，便有可能更好地實現自我價值或奮鬥目標。所以，古往今來，為名炒作的不在少數，因炒作而成名的也大有人在。

　　〈登幽州臺歌〉的作者陳子昂，雖說是才華橫溢，但長時間不為人知，為此他十分鬱悶。一天，他在街上閒逛，看見一位老者在賣一把古琴，圍觀的人很多。雖然琴是好琴，但

第四章　積極入世，努力做好自己擅長的事情

售價不菲，不是常人所能接受的，看客只有羨慕的份。陳子昂見狀，一個機靈，二話不說買下了琴，並請大家翌日去聽他彈奏，此事頓成熱門新聞，一夜傳遍大街小巷。

第二天，來了許多想聆聽陳子昂琴音的人。怎麼也沒有想到，陳子昂將琴托出後，猛然將之摔碎於地，來者個個莫名驚詫。他卻說：「我陳子昂琴藝雖精，但較之我寫的詩差遠了。」話畢，當場將自己的詩文免費贈送所有來人。一時間，陳子昂聲名鵲起，譽滿京城。陳子昂以「摔琴」之態炒作自己的才氣，可謂搶人眼球的妙招。當然，這些是建立在陳子昂自身才華的基礎上的，若是他的詩歌真是「狗屁不通」之作，此番炒作定然不會如此成功，反倒是落下了一段歷史笑話罷了。

還有司馬相如，透過自我炒作，炒出了一段美妙戀情。司馬相如早年生活清貧，鬱鬱不得志。臨邛縣令王吉愛惜、敬慕司馬相如之才，便邀請司馬相如到臨邛都亭住下。在司馬相如下榻都亭的那些日子，王吉天天上門拜訪，司馬相如都藉口身體不舒服不見，王吉不但不生氣，反而更加恭敬。

於是，司馬相如勾動了他人的好奇心，那到底是什麼大人物，連縣令登門拜訪都敢不見？臨邛首富卓王孫知道縣令家裡來了「貴客」後，有意結交，便設宴款待。司馬相如故意稱病不去，王吉親自上門邀請，司馬相如「盛情難卻」，前去赴宴。

> 積極入世,做好擅長的事情

　　卓王孫有一女兒,寡居,叫卓文君。她聽說司馬相如非常有才,又相貌出眾,便從門縫裡偷窺,司馬相如明明發現了,卻假裝不知道,他不是能說會道之人,便取長補短,彈了一曲〈鳳求凰〉,一邊秀琴技,一邊觸動卓文君的芳心。通音律的卓文君,看見了司馬相如的氣派、風度、才情,也聽出了司馬相如的心事,不由得心生敬慕。當晚,便隨司馬相如私奔……

　　借名炒名,李白開了先河。當年,李白懷著夢想來到京城長安,在紫極宮的紫氣煙霞裡與賀知章相見。賀知章一眼瞥見仙風道骨的李白,直呼其為「天上謫仙人」。相見恨晚之時,他一把拉上李白往酒樓裡跑,要與之一醉方休。真是「酒逢知己千杯少」,直喝到日落西山,去付帳時,賀知章才發現身上沒帶銀子,付不了帳。於是,他瀟灑大方地解下腰間佩戴的金龜交給店主作為酒錢。

　　李白藉此大肆炒作,寫下了〈對酒憶賀監二首〉:「四明有狂客,風流賀季真。長安一相見,呼我謫仙人。昔好杯中物,翻為松下塵。金龜換酒處,卻憶淚沾巾。」「狂客歸四明,山陰道士迎。敕賜鏡湖水,為君臺沼榮。人亡餘故宅,空有荷花生。念此杳如夢,悽然傷我情。」「呼我謫仙人」、「金龜換酒」等描寫,是一種借人炒人、借名炒名的妙招,既不著痕跡地拉近了與當時的詩壇泰斗賀知章的關係,也抬高

第四章　積極入世，努力做好自己擅長的事情

了自己的身價。

炒作，有借名炒名的，有借情炒名的，有借事炒名的……總之，其最終目的是出名。只是，有人出名了，流芳後世；有人出名了，卻成為笑談。

古往今來，有才能而得不到重用的，並不在少數，這些人中的一部分便會變著花樣炒作自己，並因此脫穎而出，獲得了一定的名氣。對於確有成就、有真作為的人，適時炒作，積極入世，是值得肯定、無可厚非的。但無論古今，總有一些眼高手低、華而不實之人，為了出名，總在刻意炒作自己，於是各種變味的炒作紛紛登場。比如當今社會，以緋聞炒作的，以色相炒作的，以家庭炒作的，不一而足。這些炒作，即便成功了也屬下乘，自然會被世人嗤之以鼻。

【賞・品悟】

古往今來，有才能而得不到重用的人，適時炒作，積極入世，是值得肯定、無可厚非的。但無論古今，總有一些眼高手低、華而不實之人，為了名利，總在刻意炒作自己，這樣的炒作自然是變味的，令人反感的。

讓心靈在日月中延伸

　　哲學教授奧修（Osho）只活了五十多歲，可他的生命卻在六百多本著作中無限延伸。

　　他的書都是在平緩的語調下，滔滔不絕地說出來的。他將人類漫長的歷史，透過極其通俗的語言述說出來，凡是常人，都能聽懂。很多深刻的道理，經過他通俗簡單的故事闡述，而變得容易被人理解。

　　在他的世界裡，生命是簡單的、透明的，既真又美。一如童年，一如純淨透亮的水，自然而本真。

　　如水的生命從透亮純淨出發，在社會舞臺上經歷衝突、翻捲、淘洗、洶湧，變得不再透亮，甚至陷入混濁、莫可名狀的境地。然而到了一定時候，又慢慢變得澄靜、透澈起來。最終，生命之水經過歲月長河的沉澱，再一次變得自然而真實。

　　奧修滔滔不絕卻順其自然的引導，為我們開啟了一扇心靈之窗：塵世之間，物質沒有永恆，永恆的，都是源於心靈的渴求。路，是人走出來的；生活，是人過出來的。面對自己，才能主宰自己；面對自己，才能品味出生命的美妙和歡

第四章　積極入世，努力做好自己擅長的事情

樂。看清了生命的本真，即使只有麵包、牛油和鹽，也能如悠閒的王子自在快樂。

凡俗匆忙的生活中，一個人，無論怎樣有價值，無論自認為怎麼重要，也沒有人會真正在意你。這個世界不會因你的價值而發生多大改變。也許有人因他人的快樂而歡笑，但難得有人因他人的痛苦而憂鬱。有看清才有消除。消除了對抗情緒，才不會怠慢內心深處的摯愛和嚮往。一個胸懷摯愛和嚮往的人，總會由弱小變強大，由憤懣變平和。

每一個勇士的內心都藏著一個懦夫。果敢，常常是經過裝點和修飾的怯懦。一個沒有恐懼心的人，是無所謂勇敢，也無所謂怯懦的。

愛，使人平等。以自我為中心的人，無法去愛。真心愛著的人，會感到存在即平等，沒有尊卑，沒有優劣。愛，就要給愛著的人機會去成為他自己，切莫將自己強加於他人。有了強加的傾向，就算願望是好的，結局也一定是不盡如人意的。給予與得到，是打破平衡後的再平衡。給予得越多，騰出的空也就越大，能得到的也就越多。

井底之蛙也看天空，天空被井圈繞，在牠眼裡不過是一個洞。我們所處的世界，最不可思議的事情就是，能滿足的被忽略了，無法滿足的被餵養著，這正是人類痛苦的根源所在。

讓心靈在日月中延伸

魚,樂於水;人,得於道。人類的意念,源於內心,也歸於內心。滔滔不絕的奧修,無論是捕獲心靈,還是放逐心靈,總是那樣匠心獨運,機巧靈動,不著痕跡,不落窠臼。

【賞・品悟】

我們所處的世界,有人滔滔不絕,不只是言語上的滔滔不絕,更是思想上的滔滔不絕。奧修就是這樣一個人,他一邊捕獲心靈,一邊放逐心靈。他以通俗簡單的故事闡述,開啟了快樂的門扉,也開啟了心靈的通道。

第四章　積極入世，努力做好自己擅長的事情

人生就是追尋美的過程

禪是什麼？在許多人看來，禪是只可意會不可言傳的。其實不然，禪不是不可言說，關鍵是看你怎麼述說。在我看來，禪是一份追求的心境，一種真善美的境界，禪是有著清晰的心靈指向和明確的思維導向的。

曾看過一道模擬試題：「有一隻熊掉到一個陷阱裡，陷阱深 19.617 公尺，下落時間正好 2 秒。求熊是什麼顏色？」備選答案為：A：白色，北極熊；B：棕色，棕熊；C：黑色，黑熊；D：黑棕色，馬來熊；E：灰色，灰熊。乍一看，條件和要求證的結果風馬牛不相及，解答這道題的難度也就可想而知了。

但還是有人做出了較完美的解答。首先，根據題目條件算出 g=9.8085，查一下重力加速度與緯度對照表，可知陷阱在緯度四十四度左右的位置。根據熊的地理分布，南緯四十四度沒有熊的蹤跡，所以就只能在北緯四十四度的位置了。其次，既然為熊設計地面陷阱，一定是陸棲熊。而且大部分陸棲熊視力不好，難以分辨陷阱，所以容易掉入陷阱。至此，可排除北極熊、馬來熊和灰熊。如此一來，只剩下棕

> 人生就是追尋美的過程

熊和黑熊兩個答案。最後,既然陷阱深 19.617 公尺,土質一定為易於挖掘的成土母質。雖說棕熊在相應地理緯度上有分布,但多為高海拔地區,而且凶悍,捕殺的危險係數大,價值沒有黑熊高。而一般的熊掌、熊膽均取自黑熊。又因黑熊的地理分布與棕熊基本不重合,所以可以判定,陷阱裡的熊是黑色的。

這樣一道題目,將物理、地理、生物等知識熔於一爐,構架出一幅廣闊的「知識畫卷」,美不勝收。解答這樣一道題目,需要一個人在具備廣博知識的基礎上,開啟心智,凝聚心力,以氣定神閒的姿態從容思考,這樣一個過程,就是追尋知識美、邏輯美、自然美的過程,它需要一個人在理解眼前事物的同時,又能打破常規,跳出固有的框架,這何嘗不是一種禪定之境?

博學,未必能入禪。但可以肯定的是:無知即無禪。能禪定的修禪之人,大抵都不是平庸之人,必須內心強大,知識廣博,不落俗套。只有這樣,才能身在塵世,又能置身於紛擾的塵世之外,安定內心,有節制、有定力地生活。入禪入定需要專注於某一對象,不離神,不散亂。一如在歷經「見山是山,見水是水;見山不是山,見水不是水」之後,回歸「見山還是山,見水還是水」的境界一樣。

禪是懂得捨棄、歷盡磨礪後的大成之美。菩提對佛祖的

第四章　積極入世，努力做好自己擅長的事情

追尋就是如此：傳說菩提有一天被一個從家門口路過的人吸引，追出門，卻不見人影。從此，他一心想見到那人，尋遍天下，卻怎麼也找不到。一次夢中，菩薩問他，你積德很多，有什麼要求？他說他只想見那人一面。菩薩說，你若真想見那人，一定要捨棄這一世的人身，投生做一棵大樹，五百年後，也許有機會能見那人一面。於是，他很快轉世在河邊做了一棵大樹，忍受著不能移步、不能說話的困厄，飽嘗風吹雨打的痛苦，只為能見那人一面。五百年後的一天，有個人遠遠地走過來了，正是他夢寐以求的那個人。他激動得手舞足蹈，卯足全力搖動著枝葉，試圖引起那個人的注意。可是，那個人經過他身邊，瞧都沒瞧一眼。他失望、委屈，不知道為什麼五百年還不能修到一點緣分。當晚他又夢見菩薩。菩薩說，如果他還想見那人，再做五百年的大樹，或許會修到一點緣分。他想，既然已經等了五百年，再等五百年也不算什麼。他實在太喜歡那個人了。就這樣，他在河邊又站了五百年。終於有一天，那個人又走了過來，這一回他很淡定，靜靜地站在那裡。為了這麼一天，他捨棄了做人的機會，痴做了一千年大樹，吃盡了苦，傷透了心，他已經能夠以平靜的心態等待那個人的出現了。只見那個人向他走來，走到他的樹蔭下，安然坐了下來。一坐就是七七四十九天。這個人就是佛祖，這棵樹被喚作菩提樹，菩

> 人生就是追尋美的過程

提樹跟佛祖成就了前緣，修成了禪心，終成正果。

人類歷史是美的變遷史。時代背景不同，美的內涵也各不相同。英國哲學家培根（Bacon）說：「美如盛夏的水果，最容易腐爛而難於儲存。」其實，紅塵中人，都有一定的缺陷。誰不想追尋美麗？誰不想追回屬於自己的缺失的一角？但重要的不是找到那一角，而在於尋找的過程，尋找的過程就是禪意所在。

有一位美學大師，就是這樣一個在美的追尋過程中入禪入定、耐人尋味的人，以至成了別人眼裡的「美學呆子」。據說他經常穿著有破洞的衣服上課，有一次錢財被寄回鄉下買田買地，他卻毫不介意。他濟世的熱望在美學研究中時有流露，力排紛擾，不懈不怠地從事美學研究。有道是：「君子安貧，達人知命。」一位學生曾這樣評價他：「就算人間尊崇再薄，他依然泰然面對，從不向生活索要什麼『報償』！」在大半生的漂泊和一生對美的追尋中，他留給世人的，是具有美麗質地的繞梁心音。

美是一種潛在的感動，追尋美的過程是能夠帶來快感的過程。對於我們的生活，不是缺少美，而是缺少一顆發現美的心。擁有一顆發現美的心，就找到了入禪、入定的關鍵。人類總是在不斷地追求美的過程中有所收穫，進而進入某一境界的。以書畫為例，正是有了點、線千變萬化的造型，

第四章　積極入世，努力做好自己擅長的事情

才有了各不相同的審美情境。張旭狂草的筆飛墨舞，化育出吳道子人物畫的吳帶當風；李邕碑銘的雄強剛勁，刻劃出以金石入畫的鐵骨錚錚；陳淳草書的筆意入畫，開創了大寫意花卉的颯爽淋漓；而龔賢書法積墨而為，蒼茫渾厚，美不勝收……一程一程的風景在盛放，一環一環的漣漪在綻開。揮去心靈的塵埃，遠離塵世的紛擾，在追尋美的過程中，有了看山是山、看水是水的心態，又怎會沒有快樂、美麗的心境？

【賞·品悟】

赤心向美，才有禪花盛開。人類追求美的過程，實則是一個入禪入定抵達某一境界的過程。在這一過程中，有寂寞，有孤獨，甚至要忍受難以忍受之苦。但只要不懈不怠地追尋，就一定能看到生命中極致的美麗。

堅持不懈，終有成果

都說酒後吐真言，我的一位老同事在一次酒醉後，顛來倒去嘴裡重複說出的兩字就是「堅持」。堅持什麼，他沒有說，更無法具體闡釋。但我知道，這是他人生經歷中的精髓和要義所在。是的，很多事情，只有堅持，才能找得到說法，找得到出路。

愛迪生發明電燈，試驗了幾千次才得到預期的結果，這個結果來自他有堅持的勇氣。世事大抵如此，只要你肯堅持，只要你用心去做，就一定會有所收穫。

然而，在我們的現實生活中，「行百里者半九十」的現象並不鮮見，因為打拚的艱辛讓人心力交瘁，因為意志的失控讓人陷入自我懷疑。很多時候，僅有目標和勤奮是不夠的：譬如有個人挖水井，挖了三口井，都挖不到水，實際上，地面到地下水一共才十公尺，但他總挖不到井水，為什麼？因為他每口井只挖了八～九公尺，就不挖了，他的失敗，就在於他缺少堅持。

身體的健康，事業的成功，愛情的美滿，都需要堅持。越王勾踐，臥薪嘗膽，並不是一片苦膽給了他什麼，而是他

第四章　積極入世，努力做好自己擅長的事情

那顆堅持的心，讓他贏得了光明燦爛的前程。愛何嘗不是如此？很多時候，愛需要一個人有勇氣跨越時間與空間的距離；愛更值得稱道的是，能夠面對無奈的現實，甚至面對流言蜚語，不懈地堅持。

人生之累，常常是因為在堅持與放棄之間舉棋不定。懂得取捨的人，該堅持的就算天塌下來也會堅持，該放棄的就算有無窮的誘惑也會適時放棄，堅持與放棄，都需要當事人付出莫大的勇氣。

堅持需要擁有源於心底的信念。傳說古希臘的一所學校，在開學的第一天，蘇格拉底就對學生們說：「今天我們只學一件最簡單的事，每人把手臂盡量往前甩，然後再盡量往後甩。」說著，蘇格拉底示範了一遍，「從今天開始，每天做三百下，大家能做到嗎？」學生們笑了，這麼簡單的事，有什麼做不到的？過了一個月，蘇格拉底問學生們：「每天甩手三百下，哪些同學在堅持著？」有百分之九十的同學驕傲地舉起了手，又過了一個月，蘇格拉底又問，這回，堅持下來的學生只剩下八成。一年過後，蘇格拉底再一次問大家：「請告訴我，最簡單的甩手運動，還有哪幾位同學堅持了？」這時，整個教室裡，只有一人舉起了手。這個學生就是後來成為古希臘另一位大哲學家的柏拉圖（Plato）。柏拉圖的堅持源於心底執著的信念。

> 堅持不懈，終有成果

　　我們長長短短的一生，難免會撞上一下子衝不破的樊籠，但我們不能輕易放棄，我們要學會堅持，只有堅持了，才能獲取意想不到的機遇。

　　堅持有時候會讓人難堪抑或窘迫，堅持的困境也許會讓人淚流滿面，但堅持也可以讓一個人心志堅韌，讓一個人在一場又一場的磨練中擁有更多的成功機會。

【賞·品悟】

　　堅持，是一個人有所成就的法寶。堅持，需要有信念力量的支撐，輕易放棄信念的人，絕難堅持多久。堅持的困境也許會讓人心生疑慮，也許會讓人淚流滿面，但很多事情，只有堅持，才能找到說法，找到出路。

第四章　積極入世，努力做好自己擅長的事情

生命的高度，取決於低調彎曲的弧度

一天，我突發奇想，試圖將一張單薄平滑的紙張在桌面上豎起來，可花了好半天工夫，都沒有達到目的。後來我無意中將紙捲成筒狀在手上把玩，過後將紙展開，發現這張紙自然而然形成了一個不易消除的極小的弧度，我再將紙往桌子上豎放時，很輕易地就將它豎穩了。顯然，紙能夠豎起來的原因，就是它具備了一個小小的弧度。

弧度的存在拓展了它的支撐面，擴大了它的平衡點，讓紙張的豎立具備了更大的可能。

生而為人，要讓生命有張力，有彈性，有適時站立的機緣，就必須擁有生命的弧度。通常情況下，生命弧度表現為：或彎腰，或低調，或放下。

適時的彎腰，是源於生命的一種智慧，是實現人生夢想的權宜之策。這樣的彎腰，並不是卑躬屈膝，阿諛奉迎，出賣人格。而是為了事業之愛，為了心中的夢想，適度妥協；這樣的彎腰，彎出了人格魅力，突顯了人性美麗，接近了人生夢想，它足以讓人繞開生活的屏障，向心中的目標逼近。

義大利文藝復興時期，雕塑大師米開朗基羅（Michealan-

> 生命的高度，取決於低調彎曲的弧度

gelo）的一件作品按期完工，驗收的官員看過之後，露出不悅之色。

「有什麼地方不對嗎？」米開朗基羅問。「鼻子太大了！」官員說。「是嗎？」米開朗基羅站在雕像前一本正經看了看，大叫一聲：「可不是，鼻子是大了一點，我馬上改。」說話間，拿起工具爬上架子，叮叮噹噹修飾起來。鑿刀所到之處，掉下了一些大理石粉，官員只得走開了。

一會兒工夫，米開朗基羅爬下架子，請那位官員再去檢查。「您看，現在可以了吧！」官員看了看，高興地說：「是啊！極好了！這樣才對呢！」

事實上，米開朗基羅爬上架子時偷偷抓了一些大理石碎片和一把石粉，從頭到尾，他在上面只是做做樣子，對原來的雕刻沒有改動一絲一毫。

他之所以這樣做，是因為他知道，如果執意跟官員爭論，絕難爭出個是非曲直。畢竟對一件藝術作品而言，不同的人有不同的感覺和看法。審時度勢，彎一下腰，按官員說的話去做，不僅給了彼方良好的感覺，還維持了他心目中作品的原狀，問題也得到了圓滿解決。

晚清「四大名臣」之一張之洞也是個善於「彎腰」的人，他常常委屈自己以適應現實的需求，從而達到建功立業、實

第四章　積極入世，努力做好自己擅長的事情

現胸中抱負的目的。

他與李鴻章政見上多有不同，好大喜功的李鴻章曾多次在人前貶抑他，兩人的嫌隙顯而易見。為避免矛盾擴大化，在不牽扯重大問題的前提下，張之洞開始對李鴻章虛與委蛇，不貿然得罪他，甚至在李鴻章母親八十壽辰時送去壽文。李鴻章本人七十壽辰時，更是熬了幾個晚上，寫了一篇洋洋灑灑的壽文送給李鴻章。壽文中，張之洞讚揚李鴻章文武兼備，統領千軍萬馬，還讚美李鴻章德高望重，美好的品性深得天下人的敬佩。這篇五千字的壽文成為李鴻章所收到的壽文中的壓卷之作，琉璃廠書商將其以單行本復刻，一時洛陽紙貴。

張之洞的「彎腰」之舉，看起來違背了世俗法則，卻拓展了心靈的空間，為緊繃的生命彎出了一道緩和的弧度，彌補了他與李鴻章之間的嫌隙，他的才華、他的抱負也因之得以施展。

「彎腰」，也許會在一時之間顏面上過不去，卻可以得到更多的收益。小處「彎腰」，才會大處取勝。可以說，為愛妥協，為夢想「彎腰」，目標更容易實現。世上很多事情一如「彎腰」那樣簡單，若是放低姿態去做了，就更有機緣接近心中的夢想。

一張單薄的紙，一旦有了弧度，就可以站立起來。但是，如果是一根寧折不彎的筷子，要讓它在光滑的桌面上豎

生命的高度，取決於低調彎曲的弧度

起來恐怕就不那麼容易了。對筷子來說，筷子頭那麼大的平衡點是與生俱來、無法擴展的，要實現筷子的豎立，除非附帶其他的外在條件，比如底部的黏結，外在的支撐，或是將其插入泥土或沙子之中。筷子的屬性決定了它很難有自己的弧度，所以它很難像紙張一樣可以靠自身的弧度站立起來，這正是它不容樂觀的地方。

做人又何嘗不是如此呢？性情耿直、寧折不彎的人，再怎麼有才氣，再怎麼有能耐，在人生旅途上遇到的挫折和失敗常常會更多一些；相反，一個世故圓熟、能屈能伸、能進能退的人，在其他方面可能是平庸的，但很多場合他卻如魚得水，顯得收放自如，遊刃有餘。他的人生優勢，正是恰到好處地替自己的生命提供了一個可以立起來的弧度。

生命的高度，取決於低調彎曲的弧度。給生命一個弧度，人生就贏得了更多可以站立起來的機會。

【賞‧品悟】

性情耿直，寧折不彎的人，再怎麼有才氣，再怎麼有能耐，在人生旅途上遇到的挫折和失敗常常會更多一些；相反，一個世故圓熟、能屈能伸、能進能退的人，在其他方面可能是平庸的，但很多時候卻如魚得水，顯得收放自如，遊刃有餘。

第四章　積極入世，努力做好自己擅長的事情

人生因經歷而圓熟美麗

　　一天，鄰居家來了一位客人，準確地說，是一位來自鄉下的遠房親戚。

　　餐桌上，客人一邊吃著飯，一邊將一些骨頭丟在了地板上。鄰居的兒子是個很愛乾淨的孩子，他見到這樣的情形，眼神裡明顯有些異樣，好在他沒說什麼，只是起身拿起掃把，默不作聲地將骨頭掃進了垃圾桶裡。那位吃著飯的親戚在歉疚一笑後，明顯地束手束腳起來。

　　客人走後，鄰居對他的兒子說：「兒子，你掃地沒有什麼不對，只是掃地的時間不對。你當著客人的面去掃地，地板是得到了一時的乾淨，卻永遠傷害了客人的自尊心。可見，對的事情如果在不當的時間去做，也是錯的。」

　　有人說過：「人生豐富的閱歷來自各不相同的經歷，經歷挫折遠比留下人生空白要好得多。」人生確乎如此。自這次掃地經歷之後，鄰居的孩子一下子成熟起來，知道了該怎樣去面對類似的情況。事實上，在我們的教育過程中，不必有意替孩子製造挫折，但利用自然出現的時機，讓孩子自然地去經歷，並適時地給予提點，會更有助於孩子的成長。

> 人生因經歷而圓熟美麗

　　有這樣一件事：一個小男孩，被年輕的媽媽牽著小手來到公園廣場前。前面是十幾個階梯的臺階，小男孩掙脫媽媽的手，要自己爬上去。他用胖胖的小手向上爬，媽媽也沒有抱他上去的意思。當爬上兩個臺階時，他就感到臺階很高，回頭瞅一眼媽媽。可媽媽沒有伸手去扶他的意思，只是眼睛裡充滿了慈愛，並不斷鼓勵他：「對，不要怕！」小男孩又抬頭向上瞅了瞅，放棄了讓媽媽抱的想法，還是手腳並用，小心地向上爬。他爬得很吃力，小屁股抬得老高，小臉蛋累得通紅，那身娃娃服也被弄得都是灰塵，小手也髒兮兮的，但他最終爬上去了。年輕的媽媽這才上前拍拍兒子身上的土，在那通紅的小臉蛋上親了一口。

　　這個小男孩，就是後來成為美國第十六任總統的林肯（Lincoln）。怪不得他曾說：「人生會面臨無數級臺階，只有學會了面對，學會了攀爬，學會了勇敢去經歷，生命才會變得圓熟美麗。」

　　明白事理，從經歷中來；果敢堅定，從磨礪中來。經歷不可替代，有經歷才會有覺悟。一個人不經歷風雨、不經歷磨難，就永遠悟不出深遠的道理，永遠走不出迷茫、困頓。人生有了豐富的經歷，才有足夠的底氣，去實現心中迢遙的夢想。

第四章　積極入世，努力做好自己擅長的事情

【賞・品悟】

　　果實在季節的揉搓中才能成熟，生命在持久的歷練中才能成熟。沒有人一生下來就是成熟的，只有不斷地經歷，才有源源不斷的收穫和頓悟。

　　的確，經歷挫折遠比留下人生空白要好得多。所以說，人生因經歷而圓熟美麗。

後記：生命的奔跑

　　這是一個奔跑的年代，所有熱愛文字的人，在文字裡奔跑；所有音符一樣鮮活的文字，在流光中奔跑。辦公桌或書桌上，忙碌或不忙碌的日子裡，奔跑的文字飄著獨特的油墨芳香，在磅礡的日光裡奔跑，在銀銀的月光裡奔跑，在含蓄的燈光裡奔跑，在多感的目光裡奔跑……優雅的文字，多情的文字，美妙的文字，智慧的文字，日復一日蜂擁而至，挑撥著敏銳的神經，豐富著貧弱的想像。

　　風在地上奔跑，平靜的心湖，飄出的分明是層層疊疊文字的浪花；雲在空中遊走，思維的翅膀，環罩著的分明是明亮而鮮活的文字光芒；鳥在天空飛翔，時空變更中，不同文字的聚合散發著古文明和新智慧的芬芳……從甲骨、竹簡、紙張到網路，一路跑來，文字讓一切顯得金貴厚重。不能設想，沒有文字，人生將會是多麼拙劣，生活又會是何等枯燥。一代人創造了文字，又一代人賦予了文字豐富動人的內涵，在文字與文字之間，人類智慧在一刻不停地奔跑著，將文字的意味打造得日臻圓熟美麗。

　　任何一個季節，只要你陷在文字的氛圍裡，你的心底再

後記：生命的奔跑

陰鬱，也終會或急或緩地被文字的光芒照亮。書籍的花朵綻放著，只要你有心靠近，就一定會沉醉在其中。書中的文字奔跑著，多姿多彩，或雋永、或靈動、或智慧、或深刻、或傷感、或迷離……思緒在文字間縱橫，文字在思緒間躍動，文情交織，展現出一幅人生契合的美麗圖景。在文字的海洋裡，時間久了，日子長了，或許你也會親手種下一些屬於自己內心的文字，讓它們在他人的思緒裡縱橫奔跑，或多或少地替我們所處的世界帶來激情、溫情或浪漫之情，或多或少地點亮一些心靈的燈盞，或多或少地和一些人在心靈深處產生碰撞和共鳴。這樣，你的心底會有一種特別的寧靜和安詳。

有一位詩人曾在詩集的後記中說過這麼一句話：「我從來沒有把自己的詩圈定在什麼主義的旗幟下。想寫什麼就寫什麼，想怎麼寫就怎麼寫，怎樣表達順暢就怎樣表達，從不囿於一種單調的內容和敘述模式。」我認為，這正是文字奔跑的很合乎個人感覺的內心獨白。心靈的文字是從靈魂深處奔跑出來的，是對自然、對社會、對人生沉澱理解後釋放出來的，任何有內涵有分量的詩文說到底必定是智慧的，能震撼人心的。文字在奔跑過程中所要表述的就是兩個字：事情。擴展開來就是敘事和抒情。文字在一個人的筆下或在一個人的生命中奔跑，這是個人生命活力的本質所在，說明這個人

還有熱情，還有思索，還有彈性，還有張力，還可以喧譁，還可以騷動。

　　文字離不開思維，更離不開生活，豐富的生活經歷可以讓文字的表述淋漓盡致。什麼樣的背景滋生什麼樣的生活，什麼樣的經歷產生什麼樣的文字。可見，文字的奔跑，其實就是生活的前移，是生命的奔跑，再往深處一點說，它顯現的也就是社會狀態的好壞，時代中整個人類奔跑力度的強弱。

國家圖書館出版品預行編目資料

優勢為王！精準發揮你的核心強項：覺察優勢、訂定目標、展開行動⋯⋯向成功穩步前進的祕訣傳授 / 程應峰 著 . -- 第一版 . -- 臺北市：財經錢線文化事業有限公司 , 2024.12
面；   公分
POD 版
ISBN 978-626-408-103-0(平裝)
1.CST: 自我實現 2.CST: 生活指導 3.CST: 成功法
177.2　　　　　　　113017890

電子書購買

爽讀 APP

臉書

優勢為王！精準發揮你的核心強項：覺察優勢、訂定目標、展開行動⋯⋯向成功穩步前進的祕訣傳授

作　　　者：程應峰
責任編輯：高惠娟
發 行 人：黃振庭
出 版 者：財經錢線文化事業有限公司
發 行 者：財經錢線文化事業有限公司
E - m a i l：sonbookservice@gmail.com
粉 絲 頁：https://www.facebook.com/sonbookss/
網　　　址：https://sonbook.net/
地　　　址：台北市中正區重慶南路一段 61 號 8 樓
8F., No.61, Sec. 1, Chongqing S. Rd., Zhongzheng Dist., Taipei City 100, Taiwan
電　　　話：(02) 2370-3310　　傳　　　真：(02) 2388-1990
印　　　刷：京峯數位服務有限公司
律師顧問：廣華律師事務所 張珮琦律師

-版權聲明

本書版權為樂律文化所有授權財經錢線文化事業有限公司獨家發行電子書及紙本書。若有其他相關權利及授權需求請與本公司聯繫。
未經書面許可，不得複製、發行。

定　　　價：320 元
發行日期：2024 年 12 月第一版
◎本書以 POD 印製
Design Assets from Freepik.com